소중한

_______________ 님께 드립니다.

추천사

그리스도인의 상처와 아픔을 치유하여 건강한 교회를 세우기 위한 목적으로 집필된 이 책의 출판을 축하합니다. 이 책은 저자가 30년 동안 목회자 아내로서, 교포 사회라는 독특한 환경에서 상처받고 지쳐 있는 그리스도인들의 아픔을 함께 나누는 가운데 경험한 주님의 산 발자취를 모아 놓은 것입니다. 무엇보다도 본인 자신이 목회자 사모의 신분으로, 남에게 털어놓지 못한 가슴앓이를 하며 살아가는 사모들을 일으켜 세워 주며 큰 도움을 주었습니다. 오늘 한국 사회도 급속한 위기를 맞고 있습니다. 그리스도인 가정도 별반 다르지 않습니다. 그리스도인 한 사람 한 사람을 하나님과 친밀한 교제로 이끌며 영적 성숙으로 이끄는 실제적 지침서로서 이 책이 건강한 가정과 교회를 세우고, 나아가 밝은 사회로 이끌도록 돕는 도구로 적절히 쓰일 것을 기대해 봅니다. 이 책을 흔쾌히 한국 목회자와 사모 그리고 그리스도인들에게 추천합니다.

김준곤(C.C.C. 총재)

저자는 30년 가까이 이민 교회를 섬긴 목사 사모이다. 누구나 새로운 결심을 가지고 시작하는 것은 쉽다. 그러나 그 초심을 수십 년간 변함없이 간직하고 행동한다는 것은 어려운 일이다. 본인은 지금까지 그를 지켜보면서 큰 감동을 느낀다. 저자는 자기가 예수를 영접한 순간부터 한 영혼을 아끼고 소중히 여겨 사랑하고 섬기는 데 남다르게 탁월한 마음을 가지고 있다. 이 마음은 힘든 이민 목회를 하는 중에도 지금까지 변함이 없다. 이번에 내놓게 된 책은 저자의 이런 마음을 그대로 담고 있다. 은혜를 사모하는 한 영혼의 겸손한 길잡이가 되고픈 그의 따뜻한 심정이 여기저기에 배어 있다. 서두르지 않고 차분히 생각하면서 읽어 내려가면 어느새 스며드는 은혜의 샘을 발견하게 될 것이다.

옥한흠(사랑의교회 원로목사)

광야에서 모세가 하나님의 방법으로 아름답게 준비되었듯, 목회 생활의 어려움과 이민 생활의 수많은 파고 속에서 믿음이 구체적으로 역사한 삶의 모습을 이 책을 통해 볼 수 있었습니다. 복음은 어느 때나 능력입니다. 복음은 어떤 형편, 어떤 처지에서도 하나님의 사랑과 영광을 드러냅니다. 저자는 힘겨운 환경과 여건을 하나님의 진실된 축복의 현장으로 삼았으며, 그 원리가 정리되어 이처럼 책으로 나오게 된 것입니다. 하나님의 풍성하신 은혜가 이 책을 통해서 넘치는 것을 감사하며, 은혜를 사모하는 이들에게 이 책이 읽힘으로 다시 한 번 큰 영광을 드러낼 것을 생각하니 참으로 감격스럽습니다.

홍정길(남서울은혜교회 담임목사)

완전한 사람을 요구하는 사모의 위치는 많은 눈물을 쏟게 되는 힘든 자리입니다. 제 아내 역시 그러한 시간들을 감내해 왔습니다. 눈물 골짜기 이민 교회의 30년 사모 길을 돌이켜 볼 때 모든 것이 주님의 은혜입니다. 사모로서의 모든 외로움과 괴로움을 기도와 믿음으로 감당해 온 저의 영원한 동역자이자 반려자, 그리고 다정한 연인인 아내에 대해 그저 감사할 것들뿐입니다. 주님이 제 아내에게 주신 귀한 복들을 인하여 감사드립니다. 특별히 아내 안에서 역사해 온 세 가지 사랑에 대해 감사드립니다.
우선 아내 속에 불타는, 주님 한 분만을 향한 일편단심의 지극하고도 헌신적인 절대 사랑입니다. 나아가 사람을 향한 뜨겁고 구체적인 사랑입니다. 그리고 부족한 남편 목사인 저를 일편단심으로 내조해 온 순종적인 사랑입니다. 이 세 사랑이 한 힘으로 살아 움직여 아내의 삶을 지금까지 이끌어 왔습니다.
특별히 애타게 주님의 사람들을 세워 주려는 그 영혼 사랑이 책으로 나오게 되었습니다. 이 책은 단순한 이론이 아닌 열정적 헌신으로 가르쳐 온 내용들을 정리한 것입니다. 사랑의 실천들이 주님이 주신 뛰어난 지성과 감성의 바탕 위에 표현된 이 한 권의 책은 진솔한 삶의 열매입니다. 이 책을 읽는 분마다 넘치는 감격의 예배자가 되어 발길 닿는 곳마다 주위를 살리는 생명의 역사가 일어나길 축복합니다.

강세대(뉴저지 복음장로교회 담임목사)

이희녕 사모님은 제 아내의 오랜 친구입니다. 영적 성장의 5단계와 하나님의 음성 듣기, 내면치유와 동행으로 요약되는 이 책은 다음과 같은 특징을 가지고 있습니다.

첫째, 평생 큐티하며 하나님의 음성을 들어 온 맑고 고운 영성으로 다듬어 낸 기록입니다. 하나님 앞에서 정직하려고 몸부림치며 정련된 내면의 고백입니다.

둘째, 영혼을 향한 열정으로 말씀 양육 사역을 해 온 목양과 치유의 기록입니다. 이민 사회에서 지치고 다친 영혼들을 돌보아 온 영적 모성의 품에서 흘러나온 기도입니다.

셋째, 그 오랜 영성의 여정에 동행하게 된 하나님을 친구들에게도 알려 주고 싶어 불러 모으는 동행으로의 초청입니다.

맑고 고운 영성으로 다듬어 주신 주님의 성령께서 이 책 위에 기름 부어 많은 이를 일으켜 세우시며 맑은 영성의 메아리로 퍼져 나가게 하시기를 기도합니다. 주님의 이름으로 축복합니다.

하용조 목사(온누리교회 담임목사)

이 글들에는 성도의 영적 성숙을 돕고자 하는 이희녕 사모님의 열정이 담겨 있다. 영적 성장을 위해 필요한 다양한 주제를 여성의 섬세한 터치와 함께, 자기 삶의 간증이나 사모로서 교회 안팎에서 겪은 일들을 통해 아주 실감나게 다루고 있다. 이 글은 요즈음 교회에서 많이 듣게 되는 내면치유나 영성의 문제들을 다룬다. 이런 것들이 자칫 한때의 종교적인 유행으로 지나가거나 한쪽으로 치우치기가 쉬운데, 다행히도 저자는 이런 관심 있는 문제들을 하나님 말씀에 근거하면서도 현실에 맞게 다루어서 균형 있게 가르쳐 주고 있다. 이 글이 국내외 많은 성도들, 특히 여성도들이 주님과 더욱 가까이하는 길에 좋은 길잡이가 될 것을 기대한다.

방선기(이랜드 사목, 직장사역연구소 소장)

곤고한 심령이 살아나는

만져주심

곤고한 심령이 살아나는
만져주심

지은이 | 이희녕
초판발행 | 2008. 2. 1
2쇄발행 | 2008. 2. 22
등록번호 | 제 3-203호
등록된 곳 | 서울시 용산구 서빙고동 95번지
발행처 | 사단법인 두란노서원
영업부 | 2078-3333 FAX 080-749-3705
출판부 | 2078-3477

책값은 뒤표지에 있습니다.
ISBN 978-89-531-0931-5 03230

독자의 의견을 기다립니다.
tpress@duranno.com http://www.Duranno.com

두란노서원은 바울 사도가 3차 전도 여행 때 에베소에서 성령 받은 제자들을 따로 세워 하나님의 말씀으로 양육하던 장소입니다. 사도행전19장 8-20절의 정신에 따라 첫째 목회자를 돕는 사역과 평신도를 훈련시키는 사역, 둘째 세계선교(TIM)와 문서선교(단행본 · 잡지)사역, 셋째 예수문화 및 경배와 찬양 사역, 그리고 가정 · 상담 사역 등을 감당하고 있습니다. 1980년 12월 22일에 창립된 두란노서원은 주님 오실 때까지 이 사역들을 계속할 것입니다.

곤고한
심령이
살아나는

만져 주심

이희녕 지음

두란노

차 례

3. 함께 가자

하나님 음성 듣고 형통하기(처방)

4. 더불어 먹으리라

왕이 다스리는 동행(회복)

여는 글

"…하늘에 계신 우리 아버지여 이름이 거룩히 여김을 받으시오며 나라가 임하시오며 뜻이 하늘에서 이루어진 것같이 땅에서도 이루어지이다" | 마 6:9-10 |

무신론자였던 저는 자살 직전에

구원받고 3년 만에 담임목사 사모가 되었습니다. 학교를 졸업하고 바로 결혼해 세상 물정에 맹물인 사람이, 남편이 목사가 되는 바람에 등 떠밀려 사모가 되어 버린 것입니다. 아무것도 모르는 바닥에서부터 사모 생활을 시작하니 눈뜬장님이 따로 없었습니다. 사람 좋아하는 제게 미국 한인 교회는 인정이 바싹 메마른 광야였습니다. 초신자 3년생인지라 교회 문화는 너무나 생소했고, 그저 인형처럼 웃기만 해야 하는 대인 관계를 비롯해 모든 것이 어설프고 답답했습니다. 게다가 그리스도인은 얼굴을 조금도 찡그리지 않는 천사로 여기던 순진한 믿음을 가진데

다 주를 사모하는 열정은 누구보다 컸기에, 언제 무슨 일이 터질지 모를 시한폭탄 같은 교회를 섬기는 것이 저에게는 그야말로 살얼음판 걷기였습니다.

하나님은 날이 갈수록 극심한 상황으로 저를 밀어 넣으셨습니다. 힘겹기만 한 교회 일들 속에서 바라볼 이가 아무도 없었습니다. 애굽에 그냥 있었으면 좋았을 것을 왜 우리를 광야로 인도해 내어 죽게 하느냐며 난리치는 이스라엘 백성들의 모습이 바로 저의 모습이었습니다. 저는 죽도록 충성하는 것만이 살길이라 생각했습니다. 그리하여 교회 일이 삶의 전부가 되었습니다.

무식하면 용감합니다. 저 하나도 제 맘대로 어쩌지 못하는 주제에 온 주위 사람들을 움직이려 무단히 애썼으니 계란으로 바위를 친 셈이었지요. 세상이 어디 제 맘대로 움직여 줘야 말이지요.

좌절의 쓴 뿌리가 있는 사람이 남 비판하는 데 열을 올렸으니 참으로 꼴사나운 모습이었습니다. 차라리 나서지나 않았으면 주위 사람들이 다치지나 않았을 것을…. 일을 열심히 하면 할수록 결과는 눈에 차지 않고 좌절감은 더 심해졌습니다. 노력 부족 탓이라 생각하여 철야기도, 금식, 제자훈련, 노방전도는 물론 혼신의 교회 봉사로 자신을 극한의 종교 행위로 몰아 세웠습니다. 잠시라도 교회 일로 무언가 하지 않으면 하늘이 당장 무너질 것만 같은 공포가 엄습했습니다. 한시도 쉼 없이 자신을 채찍질하는 고달픈 율법주의적 행위에 철저히 빠진 것입니다.

하지만 제가 머릿속으로 생각만 해도 즉각 기도에 응답해 주시던 하나님은 변심하신 듯 그저 침묵하셨습니다. 심해지는 불안감에 밀려 죽기 살기로 사역에 몰두했건만 칭찬은 고사하고 비난의 화살이 빗발처럼 쏟아졌습니다. 뼈를 깎는 수고는 하는데 계속 엇나갔습니다. 제 자신이 일만 만드는 사고뭉치 같고 무엇이 잘못됐는지 혼동스럽고 괴롭기만 했습니다.

이러한 오랫동안의 고통스런 시련 후에야 엉덩이에 뿔난 제 모습이 시야에 들어왔습니다. 말로는 주님이 왕이라 했지만 실제로는 스스로 주인이 되어 만사를 좌지우지하려 했기에, 좌절하고 분노하고 원망에 빠진 것은 당연한 귀결이었습니다. 왕비마마인 줄 착각하는 저를 하나님께서 이렇게 저렇게 꺾어 주시자 교만한 저의 실체가 드러났습니다. 그리고 회개의 축복이 임했습니다. 겨우 주제파악을 하게 된 것입니다.

계속 일을 만들다 감당 못해 쓰러져도 하나님께서는 "너는 어째 늘 그 모양이냐?"며 가혹히 꾸짖지도 버리지도 않으셨습니다. 그분은 제가 넘어질 때마다 번번히 말씀으로 일으켜 주셨습니다. 무궁한 인내심으로 제 속에 내재하는 거센 반항심을 길들여 주님을 왕으로 모시고 전심으로 따르게 하셨습니다. 그분의 사람으로 길들여 가시는 그 사랑과 지혜는 그저 놀랍기만 합니다.

무수히 던졌던 "Why me?"(왜 내게?)라는 분노에 찬 질문들이 "Yes, Lord"(네, 주님)로 바뀌게 되었습니다. 인생을 보는 초점이 완전히 바뀐 것입니다. 예수님을 왕으로 모시며 그분이 다스리는 백성의 시야로 문제를 바라보는 것을 지나온 세월 동안 배웠습니다. 모든 문제는 하나님이 하나님 되심을 드러내는 기회라는 믿음이 생겼습니다.

'나는 죽고 그리스도만'을 목숨 걸고 연습했습니다. 긴 세월의 험난한 훈련을 지나며 주님과 사랑에 빠진 외길 인생을 달려왔습니다. 주님과 더불어 하루의 '만나'를 누리게 되었습니다. 그리하여 매일매일 누군가를 만나 주 앞에 든든히 서 가도록 도와주는 섬김이 제 사명이 되었습니다. 모든 험난한 강훈련을 거치며 품게 된 아비의 심정으로, 끊임없이 타오르는 복음 전파에 대한 바울의 열정을 이어받아 줄기차게 달리고 있는 제 자신을 발견합니다. 이 사실 하나만으로도 오늘의 내가 나 된 것은 기적입니다. 이 모든 것이 오직 주님의 은혜임을 찬양합니다. "주와 같이 길 가는 것 즐거운 일 아닌가!" 주님을 기뻐하는 찬양이 제 영혼의 잔에 넘쳐흐릅니다.

한국 사람들은 유교적 가치관의 틀 가운데서 자신을 누르고 누르며 긴 세월 살아왔습니다. 1970년대 이후로 경제성장과 더불어 편리한 물질문명의 이기들이 홍수같이 밀어닥쳤습니다. 오늘날 한국은 잘사는 소비국가로 선진국 대열에 서 있습니다. 그러나 물질적으로 풍성해지고 생활이 편리해진 것에 반해 정신 세계는 오히려 퇴보한 것 같습니다.

자의식이 높아져 모두가 왕으로 대우받으려는 마마들이 되었습니다. 유교적 옛 정신구조의 기본틀이 그대로인 상태에 물질적, 현세적 향락추구 위주의 이기주의가 더해져 오늘날 한국은 가치관의 대혼란에 빠져 있습니다. 그야말로 풍요 속의 빈곤입니다. 섬기는 삶은 뒷전으로 밀려났습니다. 왕같이 살자니 갖추어야 할 품목들이 늘어나서 그저 자기 것 챙기려 드는 삶의 현장은 치열한 전쟁터를 방불케 합니다.

교회들도 겉으로는 프로그램들로 넘쳐나고 장비도 화려해졌으나 신자들이 오히려 앞장서서 죄를 먹고 마시며 급속도로 세속화하여 내면의 힘이 약해졌습니다. 사역자건 평신도건 너나 할 것 없이 상처투성이입니다. 모두가 자신이 받은 상처만 붙들고 매사에 예민합니다. 점점 굳어지는 가면 뒤에서 울고 있는 저들을 돕기에 교회 프로그램들은 수박 겉핥기 행사에 그치기 십상입니다.

불안한 삶을 채워 주는 들러리 역으로 전락한 기복신앙적 믿음과, 하나님의 자녀다운 모습으로 회복시키시려는 하나님의 뜻 사이의 치열한 영적 전쟁으로 살 의욕조차 잃고 방황하며 곤고해 하는 탈진한 성도가 요즘 교회 안에 넘쳐 납니다. 교회는 불완전한 죄인들의 집합소이기에 완전한 교회란 없습니다. 죄인들이 모인 모순 덩어리가 바로 교회입니다.

하지만 우리 주님께서는 사랑스러운 데라곤 한군데도 없는 이 죄인을 사랑하시듯 주님의 몸된 교회를 사랑하십니다. 성도들이 가짜 왕노릇을 내려놓고 주님을 삶의 왕으로 모시고 왕의 사람다운 모습을 닮아 갈수록 교회들 또한 성화되어 갈 것입니다.

이 책은 아픈 가슴을 주고받으며 깊이 하나 되어 걸어온 주님과 저의 사랑 이야기입니다. 저의 부지기수의 실수에도 불구하고 끊임없이 모든 것을 합력하여 선으로 바꾸어 주신 주님의 산 역사를 투명하게 고백한 제 삶의 오픈북(open book)이기도 합니다. 영적 싸움으로 곤고하고 지쳐 주님의 만져주시는 은혜에 목마른 분들께 저의 실수와 몸부림이 거울이 되었으면 합니다. 깊은 혼돈의 늪에서 벗어나 주님과 동행하는 행복을 모든 분들이 누리실 수 있기를 소망합니다. 예수님의 성품이 내 안에 들어와 육적인 성품과 대치될수록 내 자신이 행복해짐은 물론, 나아가 이웃을 세워 주며 이 땅에 하늘을 가져오는 행복 전도사가 됩니다. 내 안에 들어온 예수님의 성품이 생명입니다.

예수님이 왕으로 다스리시는 성품훈련을 위한 '주인 바꾸기'(self-help guide)를 각 장 뒤에 첨부했습니다. 이 책을 읽는 분들이 성품훈련을 통해 어두운 세상을 밝혀 주는 은혜의 통로가 되길 간절히 기도하며 축복합니다.

천방지축인 어린 저를 오늘의 저로 세워 준 남편 강세대 목사님의 초인적 인내심과 무조건적인 섬세한 사랑에 진심으로 감사드립니다. 연약하여 깨어지기 잘하는 사고뭉치인 제 영혼의 감독자로 남편을 주신 것은 제 생애 최고의 분복입니다. 그가 있기에 오늘의 저도 존재합니다. 저는 30여 년이 걸린 하나님의 걸작품입니다. 어려움 속에서 성숙해진 인격과 부부애, 하나님 사랑하는 일에 부모를 무색케 하는 귀한 세 아이들, 함께 성숙해 가는 수많은 주 안의 사랑하는 동역자들과 여러 섬김의 사역들을 저의 분복으로 주신 하나님께 감사드립니다.

믿음의 아버지인 김준곤 목사님께도 배운 대로 살아가는 작은 믿음의 딸이 사랑하는 마음을 드립니다. 언제나 끊임없이 사랑해 주시는 홍정길 목사님, 옥한흠 목사님께 감사를 드립니다. 또한 변함없는 형제로 늘 기쁨이 되는 방선기 목사님, 열매 가득한 삶이 감격스럽고 큰 격려가 됩니다. 제게 예수를 전해 주고 동역의 길을 가며 늘 세워 주는 저의 요나단 이형기 사모님과, 기꺼이 책을 내어 주시고 여러모로 격려해 주시는 자랑스런

C.C.C. 선배이자 이형기 사모님의 부군 되시는 하용조 목사님께 감사드립니다. 두 내외분 아무쪼록 건강하여 오래오래 주의 길을 곧게 하시길 간절히 기도드립니다. 부족한 저를 위해 쉬지 않고 기도해 주시는 중보자들, 형제 · 자매들에게 하나님께서 신령한 하늘의 복으로 채워 주시길 축복합니다. 그리고 정성껏 책을 만들어 주신 두란노 가족에게 진심으로 감사드립니다.

이 책을 대하시는 모든 분들의 생애에도 같은 축복으로 채워지길 염원합니다.

사랑의 빚을 진 주님의 작은 딸 이희녕 드림

프롤로그

삶은 하나님의 영원한 축복입니다

"그러나 너희는 택하신 족속이요 왕 같은 제사장들이요 거룩한 나라요 그의 소유가 된 백성이니 이는 너희를 어두운 데서 불러내어 그의 기이한 빛에 들어가게 하신 이의 아름다운 덕을 선포하게 하려 하심이라" | 벧전 2:9 |

저는 대학교 1학년 겨울 방학까지 무신론자였습니다. 사상이나 삶의 태도가 불교에 가까웠고 기독교에 대해서는 극도로 반감이 많았습니다. 아침저녁으로 소란스레 예배를 드리건만 사납고 탐욕적이어서 도무지 덕이 안 되는 옆집 장로님 가정, 사기를 쳐서 남을 완전히 망하게 한 사기꾼 장로님들의 번드르르한 말들은 어린 제게 기독교에 대해 혐오감만 심어 주었습니다.

저는 태어날 때부터 짝눈이었습니다. 의술이 떨어진 시절이라 마지막 6번째 수술 전까지 5번의 눈수술이 모두 실패한 탓에 사팔뜨기로 예민한 사춘기를 보냈습니다. 눈병신이라 공부도 못한다는 말을 듣고 싶지 않아 어린 나이에 하루 겨우 3-4시간 잠자며 공부에 몰두했습니다. 중학교 1학년 첫 실력고사에서 무명인 제가 전교 1등을 하는 사건이 터져 도대체 이희녕이 누구냐고 학교가 떠들썩했습니다. 그때가 제 비극의 시작이었습니다. 아버지는 85점 맞으면 "왜 90점을 못 받느냐", 90점을 맞으면 "왜 95점을 못 받느냐"며 꾸짖으셨습니다. 늘 저보다 잘하는 아이가 있어 2등만 하는 저는 1등하지 못한다 야단만 맞았습니다. 눈 때문에 심한 열등감과 인정받지 못해 가득한 불만으로 마음이 뒤틀려, 아버지는 나를 사랑하지 않는다고 단정하고 몹시도 미워하고 질시했습니다. 아버지에 대한 반항심은 하나님에 대한 반항으로 이어져 하나님을 불공평한 적이라 여기며 힘써 질타했습니다.

열등감과 치미는 분노의 상처로 만사를 바라보니 하나님을 비난하는 질문들이 폭포수같이 쏟아졌습니다. '공평히 사랑하는 신이 있다면, 왜 세계 각처 열악한 곳에서 수많은 사람이 산송장으로 굶어 죽고, 선진국은 물질이 넘쳐 사치의 극치를 이루는가? 왜 어떤 이는 날 때부터 가난한 집에서 불구자로 태어나 일생을 고통받고, 어떤 이는 부유하게 태어나 평생 호의호식하는가? 어찌 이리도 세상은 불공평한가? 신이 있다면 그는 참

심술꾸러기요 폭군이 아닌가? 선한 뜻으로 사람을 지었다면 어째서 세상은 이토록 죄악으로 가득 차며, 인생길은 이토록 온갖 풍파로 고달픈가? 창조주가 우리를 죄성 없는 성품으로 만들었으면 좋았을 것을…. 인간이 호기심으로 따 먹을 것을 뻔히 알면서도 에덴동산에 선악과를 두신 것은 왠 심술? 그러고 나선 구원자 예수를 보내 생색내는 것은 병 주고 약 주고지.' 이렇게 꼬리를 무는 의심의 소리들로 인해 인생이 저주 같아 보였습니다. 삐뚤어진 눈에는 만사가 삐뚤게 보이기 마련이었습니다.

저는 깊이 맺힌 열등감과 불만, 반항심, 원망, 허무주의에 빠져 허우적거리며 막다른 한계점에 부딪쳤습니다. 식욕도 잠도 삶의 의욕도 모두 잃고 심한 우울증에 빠져 자살 직전까지 갔습니다. 그 죽음의 문턱에서 눈물로 기도해 준 친구 덕으로 구원받게 되었습니다. 이리저리 방황하던 곤고한 사마리아 여인에게 "남편이 다섯 명이나 되나 여전히 방황하는구나. 다시는 길러 오지 않아도 될 생수를 주마" 하며 예수님은 손을 내미셨습니다. 인정에 목마른 그 여인의 모습에서 저를 보며 마침내 주님과의 진한 만남이 시작되었습니다.

사팔눈으로 인해 마음까지 삐뚤어져 늘 남의 허물을 지적하며 깎아내리려는 냉소적인 눈으로 세상을 바라보던 제게 하나님이 그 아픔을 알고 나를 사랑하신다는 사실은 정말 충격 그 자체였습니다. 하나님이 나를 사랑하시고 삶을 복으로 주신다는 사실을 받아들이니 이제까지는 맛보지 못한 기쁨의 샘물이 터졌습니다. “나를 알아주는 분을 만났어요. 나를 사랑하는 분을 만났단 말예요.” 만나는 모두를 붙잡고 저를 사랑하는 주님을 자랑했습니다. 온 세상이 어찌 그리 아름답게 보이던지요. 물동이를 던지고 동네로 돌아가 외친 사마리아 여인이 바로 저였습니다. 말씀과 가까워지며 기도만 하면 즉각 응답받는 재미에 열등감도, 뿌리박힌 수치심도, 두려움도, 허무주의도 박차고 그저 주님 자랑에 미쳐 신랑 되신 예수님과 사랑 노름에 푹 빠진 꿈같은 3년의 신혼을 보냈습니다.

결혼하고, 아이를 낳고, 엄마가 되고, 교회 목사 사모가 되어 눈물을 빼는 여러 어려움을 거치면서 내 안에 쓴 뿌리로 웅크리고 앉았던 허다한 오해가 풀리고 속내 깊은 아버지의 사랑이 가슴 깊이 사무쳐 왔습니다. 아버지의 사랑이 이해됨과 더불어 우리를 향하신 하나님의 그 깊으신 사랑의 심장을 차츰 이해하게 되었습니다.

하나님의 말씀은 어제나 오늘이나 내일이나 영원히 동일하게 유효합니다. 하나님께서 아담과 하와에게 복을 주며 “생육하고 번성하며 땅에 충만하여 세상을 다스리라”고 말씀하셨습니다. 생육하고, 번성하고, 충만하고, 세상을 다스리는 것이 곧 복으로 주신 인생의 내용입니다. 한 번 주어진 인생을 복으로 살아내는 것이 바로 하나님이 기뻐하시는 뜻입니다. 이를 위해 하나님은 각양 좋은 은사를 모든 인생에게 알맞게 나눠 주시고 모두가 한데 어우러져 행복하게 세상을 다스리며 사는 것을 기뻐하십니다.

그런데 우리에게 치명적인 문제가 있습니다. 물고기가 물에서 나가면 살 수 없듯이 하나님을 떠난 사람은 인생을 복되게 살지 못합니다. 물고기에게 물이 살 수 있는 곳이라면 사람에게는 하나님 품이 살 수 있는 유일한 장소입니다.

아담의 불순종으로 하나님 앞에서 쫓겨나 땅은 가시덤불과 엉겅퀴를 내고 인간은 땀을 흘려야 소산을 먹게 되었습니다. 아이를 낳을 때 정말 고통스럽습니다. 각자 자기 고집이 있는데 남편은 아내를 다스려야 하고, 아내는 남편을 사모하고 섬겨야 합니다. 범죄 후 사람은 최적의 환경인 하나님의 품에서 멀어져 척박한 환경에서 생존경쟁 가운데 던져지게 되었습니다. 먹고 사는 생존의 문제, 얽히고 설킨 인간관계 문제 등, 맘먹은 대로 되지 않는 괴로운 세상입니다. 하나님에게서 멀어질수록 삶은 너무나 고단하고 고통스럽습니다(창 1,2장 참조).

반면 생명의 근원이신 하나님과 가까워질수록 삶의 행복지수도 높아집니다. 어느 설교 예화에서 감명받은 이야기를 나누고 싶습니다. 목사님께서 설교시간에 100만 원짜리 수표를 보여 주시며 갖고 싶은 이들은 손을 들라고 했습니다. 한 사람도 빠짐없이 손을 들었습니다. 이번에는 수표를 확 구긴 후에 보여주며 갖고 싶은 사람은 손을 들라고 했더니 역시 다 손을 들었습니다. 이번엔 땅에 내동댕이치고 구둣발로 밟아서 더러워진 수표를 들고서 이래도 갖고 싶은 이 있으면 손을 들라고 하니 역시 모두가 손을 들었습니다. 겉 모양이 아무리 달라져도 그 수표의 가치는 여전히 변함없기 때문이지요. 인생의 모진 풍파로 겉모습이 볼품없어 보여도 나는 여전히 하나님의 소중한 자녀이고, 자녀 되어 받은 영생의 복은 영원토록 나의 것입니다.

바닷가의 수많은 조약돌들도 같은 모양이 없듯이, 제가 세상에 하나뿐인 귀한 존재임을 알았습니다. 하나님의 가장 소중한 아들인 예수님의 피값을 치르고 구원해야 할 만큼 제가 소중한 하나님의 자녀라는 사실도 깨달았습니다. 죽음만을 기다리던 저를 어두운 곳에서 불러내어 하나님의 백성으로 삼아 주시고 그 아름다운 하나님의 덕을 전하는 하늘 대사의 사명까지 주셨다는 확신이 제게 당당한 자존감을 주고 삶의 자신감을 실어 주었습니다. 그러자 저는 부러울 것 없이 행복한 사람이 되었습니다. 주님은 제가 생명을 얻고 풍성히 누리도록 약속을 지켜 주셨습니다.

남 보기에 성공한 사람이 반드시 행복하지는 않습니다. 그러나 주 안에서 자신을 발견하고 주님과 함께 사는 행복한 사람은 모두 다 성공한 사람입니다.

오직 한 번뿐인 소중한 삶입니다. 우리의 선택에 따라 삶이 결정됩니다. 삶을 하나님이 주신 영원한 복으로 믿고 그 받은 복을 나눠 주는 자의 생은 참 만족으로 넘칩니다. 이제까지 자신을 황폐토록 속여 오던 선악과의 유혹에서 벗어나, 하나님의 만져주심을 바라며 그분께로 가까이 달려가 무거운 짐들을 내려놓으십시오. 왕이신 예수님이 다스리는 삶은 영원한 축복입니다. 주님 안에서 안식하는 것이 우리의 살길입니다. 놀랍게 임한 구원을 황홀히 내 것으로 누리길 축복합니다.

"나의 사랑, 나의 어여쁜 자야 일어나서 함께 가자"(아 2:13).

1부

네가 어디 있느냐?

영적 성숙의 5단계(진단)

"…사람이 무엇으로 심든지 그대로 거두리라 자기의 육체를 위하여 심는 자는 육체로부터 썩어질 것을 거두고 성령을 위하여 심는 자는 성령으로부터 영생을 거두리라" | 갈 6:7-8 |

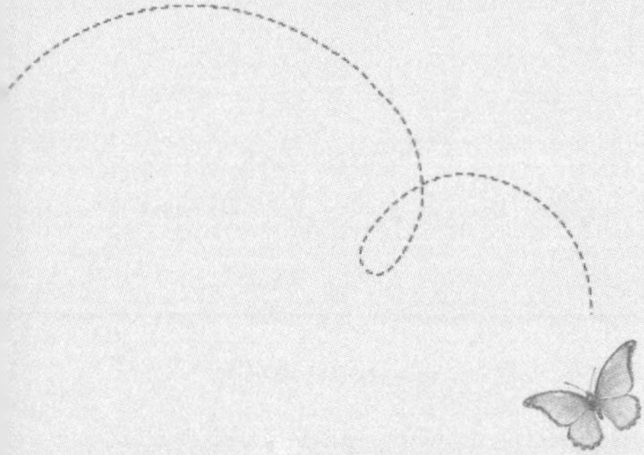

탐욕은 채워도 채워도

채워지지 않는 밑 빠진 독입니다. 서로 더 많이 가져야 하고 이겨야 하는 사회에서는 치열한 경쟁심과 적대감만 높아 가고 마음에는 이웃을 배려할 여유가 없습니다. 급격하게 잘살게 되어 그간 높아진 자의식으로 다들 잘난 왕들입니다. 들어서는 빌딩 숲의 협소한 공간에서 왕들의 영토 싸움이 치열합니다. 삶의 문제는 날로 산더미같이 불어나고 있습니다. 날카롭게 부딪치는 인간관계의 어려움과 물질로 인해 생기는 갈등으로 스트레스 지수가 올라만 가니 탈진하고 쓰러지는 이들이 즐비하고 삶은 황폐하기만 합니다. 하지만 하나님은 양이 생명을 얻고 풍성해지기를 염원하십니다. 반대로, 허세 부리는 왕으로 살라는 마귀의 거짓말을 따른 결과는 영원한 죽음입니다. "자기의 육체를 위하여 심는 자는 육체로부터 썩어진 것을 거둔다"는 말씀대로입니다.

하나님께서는 몸도 마음도 건강하고 행복하고픈 소원을 사람에게 심어 놓으셨습니다. 어느 누구도 고통을 좋아하지 않습니다. 더구나 삶의 의욕이 빠져나가 진이 빠진 상태를 견디지 못합니다. 그리하여 곤고한 탈진 상태에 놓인 사람들은 주님만이 주실 수 있는 은혜에 목이 마릅니다. 타는 목마름이야말로 바로 하나님이 우리를 그곳에서 나오라 애타게 불러내시는 음성입니다. 살고 싶으면 생수가 나오는 샘물로 나오면 됩니다. "성령을 위하여 심는 자는 성령으로부터 영생을 거두리라"(갈 6:8). 성령을 위해 심는 것은 육신적 만족의 습관을 하나님을 왕으로 모시는 영적인 삶의 습관으로 바꾸는 것입니다. 하지만 자기만 위해 살던 이기주의 습성이 마음먹는다 해서 하루아침에 바뀌지는 않습니다. 매일매일 조금씩 삶의 방식을 전환하는 훈련을 통해 점차 달라집니다.

예수님을 닮아 가는 성품화는 성화 훈련입니다. 뛰어난 프로선수가 되려면 전문 분야의 뛰어난 코치에게 맹훈련을 받듯 성화되기 위해서도 훈련을 받아야 합니다. 나만의 행복을 중시하는 거짓 삶의 습관에서, 하나님의 다스림 아래 서로 어우러져 모두가 행복한 하나님 나라를 추구하는 거룩한 삶의 습관으로 전환하는 훈련이 성화 훈련입니다(Paradigmshift from lie-base lifestyle into truth-base lifestyle).

구원은 거저 주시는 하나님의 선물입니다. 그러나 맑은 영성은 저절로 주어지지 않습니다. 하나님께서는 우리가 거듭날 때 하늘 나라 대사의 신분을 주시고 그 신분을 감당할 무기로 각양 영적 은사를 나눠 주십니다. 또한 하늘 대사 신분에 걸맞은 예수님의 성품 훈련을 받도록 성화 학교에 등록시켜 주십니다. 교장선생님은 하나님이십니다. 하나님 주권의 마스터플랜 아래, 각 개인의 특성대로 교과 과정을 짜십니다. 그러나 많은 성도들은 하나님의 뜻도 선물도 제대로 알지 못해 메마른 신앙 생활을 합니다.

우리에게는 완전한 개인 스승인 성령님이 계십니다. 또한 구름 떼 같은 믿음의 스승들을 신 · 구약 성경 말씀 가운데서 만날 수 있습니다. 긴 세월 동안 승리한 기독교 역사 속에서도 믿음의 선배들을 만날 수 있습니다. 그리스도의 장성한 분량이 우리 속에서 이루어지기까지, 믿음의 선배들을 세워 주었던 믿음의 주요 온전케 하시는 그리스도를 잘 바라보며 자기 생각을 사로

잡아 그분 앞에 내려놓고 주님 뜻대로 바꾸면 하늘의 보고가 활짝 열립니다.

신자가 거듭난 후 성숙해 가는 영성 단계를 5단계로 잡아 보았습니다. 그리고 알아보기 쉽게 도표로 정리했습니다. 선악과를 따 먹고 두려워 숨은 아담에게 찾아오신 하나님은 이렇게 물으셨습니다. "네가 어디 있느냐?" 하나님 곁이 아닌 쉴 새 없이 덮쳐오는 생존의 두려움 앞에 서 있는 아담을 회복시켜 주시려는 하나님의 안타까운 음성입니다. 이 책의 내용을 보며 내가 지금 어느 지점에 있는지 하나님 앞에서 영적 상태를 진단하여 더욱 예수님의 성품을 닮아 가는 도구로 효과 있게 사용되길 기도드립니다.

모든 단계는 단회적이 아니고 계속 반복됩니다. 1단계에서 2단계로, 1, 2, 3단계에서 다시 1단계로 계속 다져 가며 세워집니다. 태권도 훈련을 생각하면 됩니다. 우리는 무엇이든 한 번 들은 것은 자신이 안다고 여깁니다. 그러나 머리의 지식이 자신의 영적 성숙의 실제 상태는 아닙니다. 교리적으론 훤하나 실제 삶의 내용은 불신자보다도 못한 육신의 냄새로 가득할 수 있습니다. 그 간격을 좁혀 주시려고 하나님께서는 무궁한 인내심으로 우리를 훈련하십니다.

우리를 고생시키는 것이 하나님의 본심은 아니나 우리가 광야 학교를 통과해야 철이 드니, 하나님이 우리를 풍성한 은혜의 자리로 영원히 옮겨 주시려고 계속해서 기초부터 다지고 또 다져 주시는 것입니다. 훈련은 고됩니다. 그 과정은 결코 즐겁지 않습니다. 그러나 훈련 후의 열매는 답니다. 천국은 침노하는 자의 것입니다. 구하고, 두드리고, 찾을 때 내 것이 됩니다. 우리 모두가 마음 놓고 무슨 일이든 맡길 만한 든든한 주의 일꾼으로, 맑고 깊은 영성을 소유한 빛의 사자로 성숙해지길 소원합니다.

"우리 주 예수 그리스도의 하나님, 영광의 아버지께서 지혜와 계시의 영을 너희에게 주사 하나님을 알게 하시고 너희 마음의 눈을 밝히사 그의 부르심의 소망이 무엇이며 성도 안에서 그 기업의 영광의 풍성함이 무엇이며 그의 힘의 위력으로 역사하심을 따라 믿는 우리에게 베푸신 능력의 지극히 크심이 어떠한 것을 너희로 알게 하시기를 구하노라" (엡 1:17-19).

하나님을 이용하는 기복적 단계

이때의 영성은 갓 태어난

아기와 같습니다. 아기는 젖밖에 먹지 못하고 남을 생각하지도 못합니다. 급격한 환경 변화에 불안해합니다. 우는 것이 유일한 무기입니다. 이처럼 이 단계에서의 신자는 생존의 불안 때문에 예수님을 믿어 보려 나옵니다. 내 소원 성취가 삶의 전부입니다. 삶의 공급원으로서 주님을 의지합니다. 내 뜻대로 되면 기도 응답으로 여겨 기뻐하니 성령 충만한 것처럼 보입니다.

그러나 심중의 생각은 모든 행동을 좌우하는 뿌리이기에 결국에는 행동으로 나타나게 마련입니다. 육체에서 나오는 모든 생각은 아무리 위장해도 이기적인 사욕뿐입니다. 음행, 더러운 것, 호색, 우상숭배, 주술, 원수 맺음, 분쟁, 시기, 분냄, 당 짓는 것, 분열함, 이단, 투기, 술 취함, 방탕입니다(갈 5장). 이때는 내 욕심을 채워 달라며 말씀도 솔깃한 것만 골라서 붙듭니다. 극도로 사납고 이기적인 단계입니다.

보통 때는 보이지 않으나 문제를 만나면 다듬어지지 않은 그 진면목이 드러납니다. 세상 사랑으로 가득 찬 초신자가 직분자로 교회를 섬길 때 그 주위 사람들은 물론 섬기는 교회는 그로 인해 큰 몸살을 앓게 됩니다. 뿔난 송아지가 자신은 예수님의 이름으로 봉사한다 하지만 실제론 좌충우돌하며 많은 이들에게 상처를 줍니다. 육체의 소욕과 거룩한 하나님의 뜻은 함께하지 못합니다. 해결책은 당연히 하나뿐입니다. 육체의 일들을 버리고 성령을 따라 사는 것입니다.

우리는 무엇이든 자기 뜻대로 세상을 움직이려 듭니다. 그러나 호락호락하지 않는 것이 세상이다 보니, 신경 거슬리는 것에 온 시선이 집중되어 불평불만과 짜증으로 가득합니다. 하나님은 그가 죄로 인해 자신을 파괴할 위기에 이르기까지 기다리시다가 마침내 사랑의 매를 드십니다. 우리를 철저히 깨뜨리십니다. 그러나 이는 죗값에 대한 형벌이 아닙니다. 죄의 결과로 자행하는 우상숭배의 운명적 삶에서 벗어나 주님과 함께하는 하나님 자녀다운 삶으로 바꿔 주시려는 주님의 깊은 배려입니다.

큰애가 한 살 때 부엌의 가스레인지 켜는 것에 재미를 들였습니다. 발돋움하여 고사리 손으로 힘껏 스위치를 돌리면 불이 확 켜지는 것이 매우 신기하고 재미있었나 봅니다. 냄비 몇 개를 새까맣게 태우고 나자 잠시도 아이에게서 눈을 뗄 수가 없었습니다. 아무리 타이르고 겁을 주어도 막무가내였습니다. 고심하며 기도하니 성령님이 지혜를 주셨습니다. 아이를 안고 가스레인지 앞에 가서 불을 켜 주자 너무나 좋아했습니다. 그때 말없이 아이의 손가락 끝을 불에 가까이 댔습니다. 얼마나 놀랐는지 처음에는 울지도 못했습니다. 뜨겁고 놀라고, 엄마가 야속했는지 한참이나 울며 투정을 부렸습니다. 그렇게 호된 대가를 치른 후로는 아예 부엌 근처에는 얼씬도 하지 않았습니다. 손가락을 덴 값은 치렀지만, 그토록 재미있던 불장난이 자신를 아프게 하는 위험한 일임을 몸으로 체험한 것입니다.

이와 같이 분별력 없는 우리는 죽음을 가져오는 각종 우상에 깊이 중독되어 있습니다. 매료된 자기 사랑에서 우리를 풀어 주시려는 하나님은 우리가 퍼붓는 한심한 원망쯤은 개의치 않으십니다. 우리가 사람다운 풍성한 삶을 살도록 세상의 온갖 우상들에 홀린 병을 과감히 쳐 내십니다. 영원히 지옥불에 빠지는 것보다는 잠시 고통받고 구원받는 것이 비교도 할 수 없는 은혜입니다. 세상 것에 대한 집착을 내려놓는 만큼 고난도 줄어듭니다.

기복신앙은 영적 성숙의 피라미드 제일 바닥 부분에 있습니다. 어림잡아 우리나라 성도의 90퍼센트는 이 기복신앙 단계에 있기에, 그리스도인들이 사회에서 빛과 소금이 되지 못하는 것은 어쩌면 당연한 일입니다. 에스라는 옛 조상들이 우상을 숭배한 죄로 인해 이방에서 종살이하게 된 이스라엘이 도덕적으로 참담함을 뼈저리게 느꼈습니다. 이에 저가 이스라엘 조상들의 모든 죄까지도 회개하고 경성하니 영적 대각성이 일어났고, 거룩하신 말씀의 위치를 회복할 수 있었습니다. 미성숙한 대부분의 교인들을 돌보는 현직 목회자와 사역자들 중에서 에스라의 대각성과 회개의 역사가 일어나 교회들이 주님의 형상을 회복하기를, 또한 빛과 소금의 사명을 온전히 감당하여 주님께 많은 기쁨을 드릴 수 있기를 염원합니다.

종교의 틀에 매여 있는 율법적 단계

이 단계의 신자는 사랑의 매를 많이 맞고 세상 사랑을 조금 내려놓은 상태입니다. 이제 젖을 떼고 이유식을 먹게 되었습니다. 주님을 좀 더 알고픈 마음이 생겼습니다. 세상 사랑에 열심 내던 그 대상이 바뀌어 이제는 부흥회나 세미나에 열심히 참석하기도 합니다. 그동안 방황한 시간을 만회하려 성경공부, Q.T., 수요기도, 금요철야, 새벽기도 등에 많은 시간을 투자합니다. 그러나 갑자기 낸 열심은 시간이 흐를수록 사라집니다. 잠시 열심을 내 얻은 영적 경험은 꿀맛이지만 점차 묵은 만나가 되어 본래의 맛이 변질됩니다. 점차로 듣기 좋은 말씀만 편식하니 들은 말씀이 독이 되어 교만의 옷을 입혀 줍니다. 성경 말씀을 배워 알아들은 대로 자신이 성스러워진 기분이 들고, 머리에 기억된 영적 지식을 자신의 영적 수준으로 착각합니다.

유신론적 실존주의 철학자 키에르케고르는 사람은 3단계로 실존을 추구한다고 합니다. 육신의 감각을 자극하는 쾌락을 통하는 단계와, 자신이 설정한 선(善)을 따름으로 존재 의미를 찾는 다음 단계, 그리고 한계에 부딪친 인간은 종교에 귀의해 신을 찾음으로 실존을 찾는다는 것입니다.

도덕적, 율법적 신앙 단계에서는 행위로 자신의 존귀함을 증명하려 안간힘을 씁니다. 선하다고 인정받는다면 생명까지도 바칩니다. 자신의 선행이 쌓일수록 의로워진 것 같아 하나님의 거룩한 뜻을 빙자한 판단의 눈도 높아집니다. 모든 행동과 말하는 태도에 거룩의 옷을 걸치고 자신의 잣대를 절대 기준으로 삼아 온 세상을 향해 휘두르려 합니다. 심지어 하나님도 자기를 따라 주어야 합니다. 조금이라도 거슬리는 것은 감당치 못하고 좌절합니다. 맘대로 되지 않는 환경이나, 자기 말을 귀 담아 들어 주지 않는 듯한 사람들에게, 심지어 하나님에게까지 화를 냅니다. 이 시기의 특징은 감정의 기복이 심한 것입니다. 매사에 비판적입니다. 불평불만, 분노로 충만하여 건드리면 터지기 일보직전입니다. 늘 누가 옳고 그른가 시시비비를 가려야 직성이 풀립니다. 다른 이들이 얼마나 자기 때문에 상처를 깊이 받는지 전혀 무감각합니다.

또한 하나님보다 사람을 더 의식합니다. 자의식이 강하고 권위에 집착합니다. 목회자의 경우엔 소위 '치는' 설교가 대부분이며 제사장적 권리 주장에 민감합니다. 일반 직분자인 경우엔 기도 내용이 자신의 억울함 호소, 자기를 알아주지 않는 이들에 대한 정죄와 고자질로 저주에 가깝습니다. 대표기도 시에는 늘 분한 마음으로 가득하니 하나님께 드리는 기도라기보다는, 기회는 이때다 싶어 듣는 이를 의식하는 설교 기도를 장황하게 늘어놓습니다. 말씀 적용도 자신에게는 너그럽고 타인을 판단하는 데는 칼 같습니다. 독선과 지배욕 때문에 교회에 분란을 일으킵니다. 눈에 가시인 사람을 기필코 매장해 버리고 맙니다. 이것은 전형적인 교회의 보이지 않는 병폐, 정치 놀음의 적나라한 모습입니다. 이런 사람들이 교회 중직으로 있을 때 교회에는 찬바람이 돕니다. 성령께서 역사하실 은혜가 가로막힙니다. 소금이 그 맛을 잃어버린, 그 어느 누구도 가고 싶지 않은 썰렁한 곳이 되어 버립니다.

물론 저들도 자기성찰, 자기반성을 심각하게 합니다. 그러나 하나님 앞에 부족한 죄인으로 서기보다는 자신의 옳음을 증명하려는 의도가 더 많습니다. 때문에 자신을 살리려는 율법으로 오히려 자신도 남도 죽이게 됩니다. “선악을 알게 하는 나무의 열매는 먹지 말라 네가 먹는 날에는 반드시 죽으리라 하시니라”(창 2:17). 아담에게 하신 경고의 말씀은 영원히 유효합니다. 사랑 없는 율법이 성한 곳에는 반드시 죽음의 역사가 있습니다. 갈라지고 파괴됩니다. 한번 사람이 극단적인 자기 의와 잘못된 신념의 정당화에 빠지면 참으로 무섭습니다. 분한 감정에서 나오는 죄의 소원 외에는 아무것도 들리지도 보이지도 않고, 정상적인 사고 능력이 완전히 마비됩니다. 오사마 빈 라덴의 극단 모슬렘 이론을 따라 뉴욕 쌍둥이 빌딩에 자살 테러를 감행한 이들이 좋은 예가 됩니다. 가인의 삶은 자기 문을 높이는 율법주의의 편협한 신앙에 대한 최대의 경고장입니다.

가인의 후예들이 바로 우리입니다. 이 좁은 그릇을 깨뜨려 주시고자 하나님은 사랑의 시련을 허락하십니다. 뿌린 죄를 스스로 거두게 되는 인과응보의 하나님의 공의를 따라 고난이 옵니다. 억울하고 분하다며 퍼부었던 비판의 화살이 자신에게 되돌아옵니다. 쏟아 낸 시기, 원망, 불평, 비난들이 우리가 감당할 만큼 성장했다 싶은 때에 맞추어 정확하게 자신에게 그대로 되돌아와 쏟아집니다. 하나님의 시간은 참으로 정확합니다. 그때는 사방의 모든 길이 캄캄하게 막힙니다. 하나님만 바라볼 수밖에 없는 자리로 떨어집니다. 더는 타인 앞에서, 그리고 자신 앞에서 내세울 것 없이 비참할 정도로 낮춰지는 때입니다. 그때 잠잠히 그곳에서 왕이신 주님을 바라보기 시작하면 은혜의 서광이 보입니다. 자신의 모순투성이의 모습이 적나라하게 보입니다. 회개의 은혜로 완악한 심령이 녹아내립니다. 아, 주여! 어찌 우리는 이다지도 못났는지요? 언제 이 엉뚱한 마마병에서 벗어나겠는지요?

나를 내려놓는
자아 죽이기 단계

세상을 사랑하는 마음을

버리고 와장창 깨어진 신자라 해도 굳게 중심을 잡고 있는 그 고집만은 쉽사리 항복한 상태가 아닙니다. 열심의 대상은 세상 일에서 주님의 일로 바뀌었지만 일하는 동기는 여전히 자기 만족입니다. 하나님이 어떻게 여기시든지 나만 좋으면 좋은 것입니다. 그러나 주님은 나만 좋아하고 만족하는 삶에 안주하는 것을 원치 않으십니다. 주님이 나를 위해 준비하신 최고의 삶을 누리길 원하십니다. 왕은 왕의 자리에, 신하는 신하 자리에 앉아 자기 자리에 맞는 역할을 할 때 나라가 섭니다. 그러나 내 삶에서 예수님은 이름만 왕이고 여전히 내가 왕처럼 계속 자기 중심의 삶을 살기 바쁩니다.

그러던 어느 날 태풍이 몰아칩니다. '내 미래는 어떻게 될까?' 하는 자의식으로 가득 차 매일 자신과 관계된 수많은 고민에 빠집니다. 불만족스러운 오늘에 비추어 내일을 생각하다가 좌절하기도 합니다. 자연히 사람 앞에 나서기가 싫어지고 매사에 소극적인 사람이 됩니다. 현실을 회피하고 앞이 보이지 않는 안개 속을 헤매는 극도의 자기 한계에 부딪칩니다. 자기 의에 매달리는 것에도 지치기 시작합니다. 내가 도대체 뭘 잘못했기에 하나님이 나를 이렇게 어렵게 내버려 두시는지 알 수 없습니다. 아무리 생각해도 답이 없는 문제들을 겪는 가운데 '내가 잘못해 이런 어려움들이 터진 게 아닐까?' 하며, 남에게 향하던 비난과 정죄를 자신에게 집중 사격하여 죄의식에 빠져 허우적댑니다. 그렇게 엎치락뒤치락하는 가운데, 꼭 움켜쥐었던 정과 욕심을 하나둘씩 놓게 됩니다.

하나님은 심는 대로 거두는 법칙에 따라, 우리가 자유의지를 잘못 사용하면 그 선택의 결과로 쓴잔을 실컷 마시도록 잠시 내버려 두십니다. 400여 년 애굽에서 길러진 노예근성이라는 이 뿌리가 송두리째 뽑히기까지, 죽을 고비를 수없이 넘기는 메마른 광야 생활을 겪게 하십니다. 이때 극한의 한계 속에서 하나님을 찾고 체험하게 됩니다. 의지할 이는 오직 하나님뿐임을 절감합니다. 인도하시는 하나님, 모든 필요를 채워 주시는 공급자 하나님, 의지하고 나아오는 자를 승리토록 책임지시는 하나님을 만나게 됩니다. 하나님께서는 자신이 어떠한 분인지 어려운 사건들을 통해 깊이 체험적으로 알려 주시고 전심으로 가까이 다가오도록 마음 밭을 갈아엎습니다.

때론 어려움이 영원히 끝나지 않을 듯 보입니다. 그러나 400년 노예 생활의 10분의 1인 40년으로 단축된 시간에 죄의 습관을 깨 주시는 것입니다. 시련이 계속되니 참을성 없는 우리 눈에는 도무지 끝이 어디인지 모를 절망으로 느껴질 뿐입니다.

하나님께서는 성령의 풍성한 열매를 맺도록 쓸모없는 잔가지들을 가차없이 잘라 버리십니다. 특히 자기 의와 자기 사랑을 버리도록 하십니다. 목숨 건 헌신이 무시되고 순수한 배려가 비난으로 내게 돌아옵니다. 섬김 속에 보람을 느끼던 작은 행복조차 잃게 됩니다. 더욱 기가 막힌 것은 주님 안에서의 평안도, 기쁨도, 확신도 다 거두어 가시는 것입니다. 읽어도 아무 느낌 없게 되어 버린 성경 말씀 한 권만 남겨 놓기도 하십니다. 미친 듯 주님을 찾아다녀도 너무 막연해 보이는 약속과 물 위를 걸으라는 어처구니없는 명령뿐입니다. 뒤로 물러가 돌아갈 옛날도 없고, 앞으로 나가려니 하나님은 나를 잊고 떠나신 것만 같습니다. 계속 노도같이 밀려오는 문제들에 짓눌려 해뜨는 것조차 무서운 나날의 연속입니다.

그 가운데 불러 보는 주 예수님의 이름…보이는 것, 들리는 것 하나 없어도 그저 막연히 매달려 보는 주 예수님…때때로 위로해 주시는 주님의 감동하심인지 서러움이 북받쳐 오릅니다. 쪼그라들 대로 쪼그라든 초라한 모습, 주위를 돌아보면 모두가 열심히 뛰는데 나 홀로 무인도에 떨어진듯…저 멀리 잘나가는 소수에게나 은혜를 쏟으셨는가? 한때는 전심으로 사랑하던 형제 · 자매였건만, 너무도 대조되는 모습에 주눅들어 저들의 성공 사역을 부럽게 바라보는 비참한 자신의 모습…이런 못난 자기 모습을 아무리 들여다본들 무슨 소용이 있나? 이러면서 하나님에게 아득히 갇혀 암흑 가운데 헤매는 동안 자신도 모르게 자라나는 새싹이 있었음을 어찌 꿈엔들 상상이나 했겠습니까?

이렇게 엎치락뒤치락 죽지 않으려는 자아와의 피 터지는 전쟁 속에서 남의 잘못만 보이던 눈이 변합니다. 자신의 부족이 십자가 밑에서 보이기 시작합니다. 타인의 큰 잘못도 내 잘못에 비하면 아주 작게 보입니다. 도저히 용서가 되지 않던 이들에 대한 분노가 이해로 바뀝니다. 모든 것을 무조건 다 받아 주시고 용서해 주시는 주님의 십자가 은혜 안으로 들어오게 됩니다. 어디에 숨어 있다 나오는지 눈물보가 터집니다. 감격해서 울고,

남의 일이 자기 문제 같아 안쓰러워 울고, 이래 울고 저래 울고…완악하게 굳었던 마음이 쏟아지는 눈물로 녹아내립니다. 서서히 주님과의 첫사랑을 온전히 회복하게 됩니다.

고통의 시간은 우리의 영적 성숙도를 측정하는 기회가 됩니다. 여러 시험을 거쳐 드디어 하나님의 선물을 사랑하는 것에서 하나님을 사랑하는, 중심 훈련 테스트를 통과한 것입니다. 예수님을 절대 신뢰하는 인내 수업 과정을 겨우 지났습니다. 이제 마음의 지경이 조금 넓어졌습니다. 바람만 불어도 흔들리는 변덕스런 감정에 의지하지 않고 모든 것을 믿음의 눈으로 보게 됩니다. 주님만 기쁘시게 하는 주님의 사람이 됩니다.

사람마다 차이는 나지만 주님이 쓰실 만한 그릇이 되려면 10-30년의 시간을 요합니다. 자기 소원 사랑, 자기 영광 사랑의 자기중심적 삶에서 주님 중심의 삶으로 전환하는 주인 바꾸기 훈련을 거친 것입니다. 약속의 땅에 들어간 자는 여호수아와 갈렙뿐이었습니다. 당신은 불같은 시험 가운데 주께서 자아 처리를 하시는 중이라 여기고 있습니까? 그렇다면 믿음의 주요, 온전케 하시는 그리스도 우리 주님을 바라보는 눈을 절대로 떨구지 마십시오. 먹구름 때문에 태양이 안 보여도 구름 위에 태양은 분명히 있습니다. 내 눈에 아무 증거 보이지 않아도, 믿고 주님의 보좌 앞으로 나아가면 됩니다. "믿음은 바라는 것들의 실상이요 보이지 않는 것들의 증거니 선진들이 이로써 증거를 얻었느니라"(히 11:1). 믿음에는 지름길이 없습니다. 나를 깨뜨리시는 고난을 피할수록 그 고통의 길이가 더 길어집니다. 죽고자 하면 오히려 살게 됩니다. 모든 것을 주께 의탁하십시오. 담대히 주께 순복하는 것이 살아남는 지름길임을 기억하시기 바랍니다.

못난 자아가 십자가의 처리를 받은 만큼, 받아 주시는 십자가의 사랑이 내 안에 그리스도의 형상으로 그려집니다. 이제 구원은 받았으나 하늘의 신령한 복을 보르고 굶주린 영혼들을 향한 주님의 연민에 겨우 눈이 떠집니다. 우리의 심장을 피 묻은 십자가의 사랑이 머무는 지성소로 사용하시려는 주님의 뜻에 전심으로 연합하게 됩니다. 목을 졸라 오던 성취 지향적 삶에서 자유해집니다. 주님 앞에서 사는 자의 안식과 기쁨을 알게 됩니다. 그토록 사모하던 말씀에 기름 부으심, 주님의 평안, 주님의 기쁨, 감격이 밀물같이 파도칩니다. 주님은 사랑하는 자의 인생에서 장애물을 치워 버리지 않습니다. 오히려 우리와 함께 어려움을 뚫어 주십니다. 설령 심히 고된 훈련이 기다린다 해도 이제는 더 이상 두렵지 않습니다. 환경을 다스리는 믿음 위에 올라서게 됩니다. 폭풍우 후에 태양은 반드시 떠오릅니다. 여호와 닛시! 주님이 승리이십니다.

나를 아낌없이 드리는 순종 단계

여기까지 오기 위해 수많은 연단의 모퉁이를 지났습니다. 마침내 아름답고 충만한 시간을 맞이한 것입니다. 성막에 비교하여 얘기하자면, 구원받고 뜰 안에서 서성거리다가, 자아가 온전히 처리함을 받는 번제단(십자가)을 통과해, 계속적인 주님의 임재를 준비하며 영을 지속적으로 밝히는 회개의 물두멍을 지나, 주님 앞에 담대히 나아가기 위한 제사장 준비 훈련소이며 경건의 연습장인 성소에 다다른 것입니다.

이제 모든 감각이 신선하게 충전되었습니다. 모든 말씀이 송이꿀처럼 달고, 말씀이 달수록 주님께 가고 싶어 순간순간 사랑을 고백합니다. 주님을 기쁘시게 하려고 전심을 다합니다. 말씀을 오랫동안 깊이 묵상합니다. 양심이 밝아져 깨달은 말씀을 당장 실행에 옮깁니다. 자신의 필요보다 다른 사람의 필요가 눈에 들어옵니다. 자기 일처럼 느껴져 헌신적으로 돌보기 시작합니다. 계속 주 앞에 나아가는 동안 말씀 묵상, 무시로 행하는 제사장적 중보기도, 주님의 성품 묵상, 주님의 임재 연습이 훈련됩니다. 하나님의 마음이 이해되고 날마다 하나님을 경험합니다. 주님의 마음과 진심으로 연합합니다. 마음의 지경이 넓어져 온 세상 사람들을 다 품을 수 있을 것만 같습니다.

그러나 간사한 것이 인간인지라 제아무리 좋은 것도 계속되면 좋다는 마음이 사라집니다. 말씀 훈련과 기도 훈련이 감격의 연속이더니, 어느 사이엔가 습관이 되고 덤덤해집니다. 다시금 안일에 빠져 영적 침체 위기가 찾아듭니다. 이때 아브라함이 외아들 이삭을 바치는 순종의 훈련을 받게 됩니다. 전 단계인 "자아가 죽는" 때에도 맛본 훈련입니다만, 이때는 주님이 온전히 내 삶의 왕으로 일하시도록 체질을 바꾸는 훈련을 하게 됩니다. 삶의 모든 영역에 예수님이 과연 길이고 진리이고 생명이신 주인 되심을 하나 하나 짚어 가며 가르쳐 주십니다.

우리의 나약함을 잘 아시는 하나님은 우리가 감당할 수 있는 능력의 한도 내에서 죄에 물든 습관들을 하나님의 성품으로 바꾸도록, 성령님을 통해 눈동자같이 우리를 지키며 도우십니다. 영적 감각이 무뎌질 위기의 시점에서 익숙해진 환경을 뒤흔들어 놓으십니다. 여러 훈련을 거치면서 섬김 받고자 하는 이기주의가 자연적으로 섬기는 사람의 자세로 변하는 것은 놀라운 하나님의 능력 때문입니다.

이 단계에 이른 이들의 모습은 참으로 놀랍습니다. 말씀에 푹 젖어 있고 이웃을 위해 눈물로 열심히 중보기도에 힘쓰며 가슴은 온통 주님의 마음으로 충만합니다. 이웃을 위해 몸과 마음, 물질과 시간을 드려 형제를 돌보는 사역을 합니다. 이 단계의 신자는 전심으로 주님께 헌신한 사람입니다.

그런데 이토록 순종하는데 하나님께서는 왜 어려움을 주시는가 의아한 생각이 들 것입니다. 이때의 어려움은 부정적인 죄 때문이 아닙니다. 물론 세상적인 정과 욕심들은 대충 정리된 편이나 아직도 주님의 성품이 저절로 배어 나오지는 못합니다. 이전의 1, 2, 3단계가 새것이 들어오도록 묵은 죄를 버리는 단계라면, 4단계는 새 성령의 열매가 자리를 잡아 가는 주님의 성품이 나의 체질이 되는 단계입니다.

이 단계에서는 만나는 모든 일을 통해 하나님의 성품을 깊이 체험하게 하십니다. 그 가운데 하나님을 깊이 알아 가며 그분을 사랑하는 밀도도 짙어집니다. 우리들은 너무나 은혜를 쉽게 잊어버리는 건망증 환자입니다. 어려움을 만날 때마다 어쩔 줄 모르고 당황하지만, 하나님을 내 삶의 왕으로 신뢰하는 훈련 정도에 따라 다시 믿음으로 돌아와 자신을 가다듬습니다. 하나님을 찾으며 기도하며 응답을 기다리고, 응답을 받으면 즉시 행동으로 옮깁니다. 아브라함처럼 나 자신의 이삭을 바치고, 모든 것을 주께 내어놓는, 주님에 대한 절대 신뢰의 표시인 순종 테스트를 받는 것이 주인 바꾸기 훈련(lordship training)입니다. 이 단계를 통과하면 주님과 더욱 깊고 친밀한 사이가 됩니다. 그러나 실패하면 통과할 때까지 여러 시련으로 연단시키십니다. 때로는 미끄럼 타듯 거꾸로 3, 2, 1단계를 거쳐 내려가게도 하시고, 1, 2, 3단계를 오르락내리락 정신없이 돌리기도 하십니다. 걸핏하면 주님께 대드는 거친 태도가 부드러워져 겸손히 순복하는 사람으로 다듬어질 때까지 그렇게 하십니다. 지금 내가 이런 훈련을 받는 중이라고 생각되면 기뻐하십시오. 일단은 사명자의 그릇으로 빚어지는 중이라는 증거이기 때문입니다.

이때 많은 은사도 체험합니다. 당신을 통하여 많은 은사의 역사가 일어났습니까? 체험하신 하나님의 능력이 놀랍고 기쁘십니까? 그렇다면 지금 이때가 정신 바짝 차려야 하는 제일 큰 시험의 때입니다. 어려울 때 자숙하기가 오히려 쉽습니다. 그러나 성공적 사역의 때가 가장 큰 시험의 때입니다. 사람은 너무나 간사합니다. 거룩의 얼굴이 육의 냄새로 변질되는 시험이 옵니다.

얼마나 하나님은 공평하신지요. 은혜는 언제나 하루가 단위인 만나입니다. 힘들어 파김치가 되어도 능력의 맛이 기가 막힙니다. 그러다가도 주님의 음성을 듣는 골방기도실에 점점 곰팡이가 끼게 됩니다. 주님은 어느새 저 구석으로 밀려나시고, 우리는 능력의 맛에서 헤어나지 못하는 중독자로 타락할 수도 있습니다. 안타깝게도 주의 이름으로 많은 기적을 행했어도 마지막 날에 공력이 불타는 비극을 맞게 될 것입니다.

"이기기를 다투는 자마다 모든 일에 절제하나니 그들은 썩을 승리자의 관을 얻고자 하되 우리는 썩지 아니할 것을 얻고자 하노라 그러므로 나는 달음질하기를 향방 없는 것 같이 아니하고 싸우기를 허공을 치는 것 같이 아니하며 내가 내 몸을 쳐 복종하게 함은 내가 남에게 전파한 후에 자신이 도리어 버림을 당할까 두려워함이로다"(고전 9:25-27). 이는 믿음의 대선배인 바울의 뼈아픈 경험에서 나온 경고장입니다. 여기까지 오느라 고생 많았건만 그 많은 수고가 자칫 물거품이 될 수도 있습니다. 사역중독은 참으로 무섭습니다.

사역의 주인은 오직 주님이십니다. 사방으로 달아나는 마음을 붙들어 앉히고, 조용히 주님 발 앞에 모든 것을 내려놓으십시오. 이제 지성소 위에 구름이 머물면 나도 머물고, 구름이 움직이면 나도 움직이는 주님과 동행하는 연합 훈련으로 옮겨 갑니다.

하나님과 하나 되는 연합 단계

이 단계는 주님과 무르익은 사랑의 열매를 함께 나누며 누리는 시기입니다. 수많은 훈련과 인내를 통해 이제는 주님이 삶의 전부가 되었습니다. 심히 어려울 때 품었던 쓴 마음들이 작은 신음도 들어 주시는 주님의 섬세한 사랑에 다 녹았습니다. 모든 알량한 소견을 내려놓았습니다. 주님과 더불어 하루하루 사는 것을 배웠습니다. "수고하고 무거운 짐 진 자들아 다 내게로 오라 내가 너희를 쉬게 하리라 나는 마음이 온유하고 겸손하니 나의 멍에를 메고 내게 배우라 그리하면 너희 마음이 쉼을 얻으리니 이는 내 멍에는 쉽고 내

짐은 가벼움이라"(마 11:28-30). 주님이 주시는 영원한 안식의 쉼(Sabbath rest)의 의미를 이해하게 되었습니다.

수많은 훈련을 통과해 지성소에까지 이른 것입니다. 무엇인가 해야만 주님을 기쁘시게 할 것 같은 사명감을 빙자한 성취욕, 일중독, 강박감에서 자유합니다. "내 영혼 내 영혼 평안해" 하는 찬송이 절로 터져 나옵니다. 거룩하신 주님의 임재 가운데 "나는 부정한 자이니 나를 떠나소서!"라고 외치게 됩니다. 감히 그 귀함을 담을 수 없는 질그릇인 자신의 모습을 겸손히 인정합니다. 보든 것을 바라보는 초점이 완선히 변화받게 된 것입니다. 자신의 유익을 구치 아니하고 오직 주님의 영광을 위해 덕 세우기만을 힘쓰게 됩니다. 자신의 가치를 부각시키려고 더 이상 몸부림치지 않습니다. 매사에 적절히 돕는 자가 됩니다. 저들의 삶은 성령의 열매가 풍성하여 향내가 진동합니다.

또한 말씀을 깨닫는 것이 달라집니다. 들은 말씀이 그 안에 살아 움직입니다. 주님의 뜻이 직관을 통해 이해되고, 이해된 하나님의 뜻에 대해 선해진 양심이 화답합니다. 이어서 영과 진리로 드리는 감격스런 산 예배가 일어납니다. 깨달은 말씀이 온 삶을 지배합니다. 걸어 다니는 성전이 됩니다. 이들이 가는 곳마다 죄에 얽매인 자들이 주를 만나 참 자유하게 되고 주를 따르는 하나님 나라가 임합니다. 기도도 완전히 달라집니다. 말할 수 없는 탄식으로 간구해 주시는 성령의 중보기도 사역에 연합합니다. 믿음이 연약한 자들의 짐을 대신 지는 대제사장이신 예수님과 합류합니다. 오직 주님께 기쁜 마음으로 전심으로 성령님의 인도를 따라 순복합니다.

하늘 문이 활짝 열리어 많은 일들을 동시에 할 수 있게 됩니다. 말씀을 읽으며, 말씀을 잘 깨달으며, 소화된 말씀을 잘 전달합니다. 한편으론 주님께서 자신의 입을 사용하시고, 자신을 통하여 각종 능력이 통과해 가고 있음을 의식합니다. 다른 한편으론 열심히 말씀을 선포함과 동시에, 성령이 거하시는 깊은 영의 지성소에서는 크신 그분의 성호 앞에 거룩거룩 감격의 찬양으로 경배드립니다. 이는 영 · 혼 · 육 전 존재가 가동하여 멋지게 어우러지는 장엄한 오케스트라의 연주 같습니다. 하나님께서 기뻐 흠향하시고 이를 이루어 내신 주님께서 크게 영광받으십니다. 이때 선포되는 말씀은 능력이신 주님 그 자신이기 때문에, 말씀이 닿는 곳마다 생명이 회복되는 역사가 일어납니다. 중보기도도 마찬가지로 죽은 영혼이 부활하는 생명 사역이 지나가는 강한 통로가 됩니다.

모든 성령의 은사는 하나님 나라에 속한 하나님 백성을 세우는 일에 그 힘이 모아집니다. 그리하여 성령님이 마음대로 쓰실 수 있는 도구가 되기 위한 새로운 훈련이 시작됩니다. 양들은 시끄럽고 복잡한 곳에 있어도 제 목자의 음성만은 잘 구별합니다. 이전까지의 훈련이 온전한 신뢰와 사랑에 기초를 둔 목자와 양의 관계 정립이 목표였다면, 이제는 어떠한 곳에 떨어지더라도 목자의 음성을 확실히 듣고 생명 다해 따르는 동행의 훈련이 목표입니다. 진짜를 구별할 때까지 양은 많은 시행착오를 거듭합니다. 오직 천국에 소망을 두고 순종으로 열매 맺을 때 비로소 주님이 쓰시는 그릇이 될 수 있습니다.

이때에도 이적과 기사 같은 많은 능력이 따라오므로 하나님의 영광을 내 것으로 가로채고자 하는 유혹을 수없이 받게 됩니다. 그러나 한순간이라도 교만에 빠지면 그간 쌓은 공든 탑은 삽시간에 무너지고 마귀는 쾌재를 부르며, 우리는 주님을 또 십자가에 못 박는 일을 저지르게 됩니다. 그러나 우리가 수없이 시행착오를 범하여 주님의 마음을 아프게 해도 주님은 언젠가 돌아올 탕자를 위해 기다리십니다. 죄스런 모습으로 겨우 주님 앞에 나오는 흉내만 내도 맨발로 뛰어나와 품에 안아 주십니다.

우리를 산 제사로 드려 성령과의 연합이 온전히 이루어지면, 주님이 우리를 통해 일하시니 자연히 마귀는 자리를 잃게 됩니다. 그래서 마귀는 무슨 수를 써서라도 우리의 관심을 주님에게서 나 중심으로 돌리게 합니다. 사이를 비집고 들어와 우리를 향하신 주님의 절대적 사랑을 의심케 하고, 우리를 죄 속으로 끌어들이기 위해 집중 공격을 감행합니다.

이때의 시련은 사명자의 지경을 넓히는 훈련입니다. 오직 주님과 내가 하나 될 때만 이 훈련 과정을 통과할 수 있습니다. 베드로가 주님만 바라볼 때는 물 위를 걸을 수 있었지만 물결에 눈길을 주는 순간 두려움이 엄습했고 물에 빠졌습니다. 평소에는 믿음이 좋아 보여도 막상 문제를 만날 때 문제가 커 보이는 것이 탈입니다. "누가 우리를 그리스도의 사랑에서 끊으리요 환난이나 곤고나 박해나 기근이나 적신이나 위험이나 칼이랴 기록된 바 우리가 종일 주를 위하여 죽임을 당하게 되며 도살 당할 양같이 여김을 받았나이다 함과 같으니라 그러나 이 모든 일에 우리를 사랑하시는 이로 말미암아 우리가 넉넉히 이기느니라"(롬 8:35-37). 오직 우리를 향하신 주님의 사랑에 대한 신뢰와 믿음만이 우리를 승리케 하는 열쇠입니다. "믿음이 없이는 하나님을 기쁘시게 하지 못하나니 하나님께 나아가는 자는 반드시 그가 계신 것과 또한 그가 자기를 찾는 자들에게 상주시는 이심을 믿어야 할지니라"(히 11:6). 우리의 참된 쉼은 오직 주 안에 있을 때 가능합니다. 지성소에 거하여 신랑 되신 주님과의 밀월을 누리는 것입니다. 주님과의 깊은 사랑의 관계만이 하나님의 사람답게 사는 승리의 길입니다.

주인 바꾸기 성품훈련

Self-Help

영적 탈진의 원인들은 살면서 만나는 여러 가지 고난에 있습니다. 영적 성숙 단계표와 각 단계의 설명을 참조해서 자신의 고난의 내용들을 자세히 관찰해 보십시오.

1. 나의 고난의 내용은 무엇이며 고난의 이유는 무엇입니까?

2. 하나님께서 지금의 고난을 통해 다듬고 계신 나의 중심 문제는 무엇입니까?

3. 지금의 문제와 고통을 통해 내게 회복되기 원하시는 성품은 무엇입니까?

4. 여기까지 나를 인도해 주신 하나님의 은혜를 적어 보고 묵상해 보십시오.

성품훈련 암송성구(마 5장)

* "심령이 가난한 자는 복이 있나니 천국이 그들의 것임이요."
* "애통하는 자는 복이 있나니 그들이 위로를 받을 것임이요 온유한 자는 복이 있나니 그들이 땅을 기업으로 받을 것임이요."
* "의에 주리고 목마른 자는 복이 있나니 그들이 배부를 것임이요 긍휼히 여기는 자는 복이 있나니 그들이 긍휼히 여김을 받을 것임이요."
* "마음이 청결한 자는 복이 있나니 그들이 하나님을 볼 것임이요 화평케 하는 자는 복이 있나니 그들이 하나님의 아들이라 일컬음을 받을 것임이요."
* "의를 위하여 박해를 받은 자는 복이 있나니 천국이 그들의 것임이라 나로 말미암아 너희를 욕하고 박해하고 거짓으로 너희를 거슬러 모든 악한 말을 할 때에는 너희에게 복이 있나니 기뻐하고 즐거워하라 하늘에서 너희의 상이 큼이라 너희 전에 있던 선지자들도 이같이 박해하였느니라."

영적 성숙 단계표 1(엡 4:13, 로마서, 히브리서)

육적 그리스도인(고전 3장), 혼적 그리스도인(롬 2-7장)			
단계	1. 기복신앙	2. 율법신앙	3. 자아 내려놓기
특징(진단)	- 세상 사랑 - 죄와 욕망 사랑 - 극도의 이기주의	- 자기 영광 추구 - 독불장군 - 자신이 왕이다	- 극도의 자기 한계에 부딪쳐 혼동스럽고 힘들다 - 자신을 잃고, 죄의식에 시달린다
행동	받고자 애씀	종교 선행에 열심	- 현실 도피 - 매사에 소극적
삶의 중심	자기 실리	- 자기 영광 - 자기 뜻	- 죄의식 처리 문제
묶여 있는 핵심문제	죄 처리 (각종 우상 정리)	- 자기 의(義) - 교만한 자존심 (우상 정리)	- 자아 처리 - 자기 명철 의식 (온전한 치유 사모)
믿음 열매	없다	조금 있다	조금 있다
하나님의 뜻	열매 구함	더 많은 열매 구함	양질의 열매
하나님의 다루시는 손길	- 고통 - 시험(시련) - 삶 방향 전환(씨)	- 고통 - 시험(시련) - 연단(싹) - 육적인 것을 잘라냄	- 고통 - 시련(연단 단계) - 전지 작업(잎 무성)
고통 이유	죄	자기 사랑	자아 처리(자기 소원 사랑)
고통의 시작	깊은 죄 중	자기 의 도취	옳은 일할 때(사역할 때)
받는 기분	의심으로 인해 슬프다	모든 것이 맘에 차지 않아 화가 치민다	- 혼동, 좌절, 포기로 죽을 맛이다 - 죄의식으로 괴롭다
끝은 언제?	죄를 그만둘 때	자기 뜻과 사랑을 포기할 때	솔직히, 간절히 나아오면
해결책	회개	철저한 회개	주 앞에 내려놓는 결단
치유 결과	세상 사랑 약화	은혜의 사람	주님을 기쁘시게 하려 함
성막 비교	성전 문 바로 안	성전 뜰	번제단

영적 그리스도인(갈 6장, 롬 8장)		
단계	4. 순종신앙	5. 연합신앙
특징(진단)	- 하나님의 주권 인정 - 하나님 앞에 나오길 기뻐한다	- 하나님 중심이며 온유하다 - 말씀이 내재, 화육한다 - 하나님이 삶의 왕
행동	적극적인 신앙생활	겸손히 드림
삶의 중심	말씀, 기도의 체질화	성령과 연합
묶여 있는 핵심문제	- 습관성 메마름 - 영적 탈진 - 인내	- 초점을 놓침 - 계속적인 드림
믿음 열매	있다	풍성하다
하나님의 뜻	꾸준한 열매	풍성한 열매
하나님의 다루시는 손길	- 고통 - 시련(인내 훈련) - 정련 작업	- 고통 - 시련(천국 소망 훈련) - 추수(함께 감)
고통 이유	하나님 경험 + 사역 학교	- 성품체질화 - 임재 - 동행 훈련
고통의 시작	사역할 때	사역할 때
받는 기분	- 환경으로 인해 감사 평안, 희락을 누린다 - 선교정신 - 섬기려 한다	- 주님의 마음을 소유하여 자신을 보면 은혜에 감격한다 - 타인을 보면 사랑 충만하다
끝은 언제?	순종이 체질화되면	성령의 자유로운 도구가 될 때
해결책	지속적 헌신	주 안에서 안식 누림
치유 결과	열심히 주를 섬김	매사에 적절한 도움자가 됨
성막 비교	물두멍, 성소	지성소

고린도전 · 후서, 히브리서 비교

단계	기복신앙 (육적 신자)	율법신앙 (혼적 신자)	자아 내려놓기 (십자가 위의 수술 신자)
말씀을 깨닫는 수준	- 젖 먹는 단계 - 로고스 - 심한 편식, 자신의 필요를 채우고자 함	- 죽 먹는 단계 - 로고스 - 취향대로의 편식, 말씀을 남 판단에 적용	- 이유식, 유동식 - 약간의 레마 - 말씀이 달기 시작 - 말씀을 통해 자신을 보기 시작
기도 내용	- 자기 소원을 위해 기도하고, 말씀을 붙들고 소원성취를 떼쓰며 요구함	- 자기 성찰, 참회기도 - 자신의 억울함과 타인의 잘못에 대한 정죄와 고자질로 분이 가득한 기도이다 - 말씀을 정죄하고, 듣는 이에게 설교하는 내용으로 기도한다 - 비통하고 울분에 차 있다	- 남의 잘못을 정죄하던 태도에서 벗어나 자신의 부족함이 보이기 시작한다 - 십자가 밑에서 자아를 처리하고, 자기중심이 깨어지며, 참된 회개 기도가 한없이 쏟아진다 - 남의 필요를 위해 말씀을 붙들고 눈물로 간구한다
주님이 차지하는 삶의 실제 역할	- 목자 - 공급자 - 무조건 받아주며 역성드는 보호자	- 시시비비를 들어 심판하시는 심판자 - 거룩하신 공의의 하나님	- 용서의 대속주 - 치유의 하나님
사역자의 관심	- 외형적인 화려함, 큰 교회, 큰 사역 - 양은 자신을 위해 존재하는 도구이므로 죽기 살기로 챙긴다 - 외적인 성공 목회에 목숨을 건다	자신이 옳다고 설정한 진리를 사수하기 위해 끝까지 자기주장을 관철하려고 수단과 방법을 가리지 않는다	- 자신이 십자가에서 해결 받은 만큼 십자가의 끝없는 사랑과 용서를 나누어 주고 싶어 한다 - 잃어버린 영혼에 대한 구원과 전도의 열정이 온 삶을 사로잡는다 - 십자가의 사랑 체험이 사역의 중심이 된다
진단 질문	하나님이 진짜 나를 사랑하시나?	하나님, 도대체 제가 무엇이 잘못되었지요?	도대체 이번엔 무슨 일이지?

단계	순종신앙 (영적 신자)	연합신앙 (영적 신자)
말씀을 깨닫는 수준	- 단단한 음식 - 말씀이 단 레마 - 입에 달고 배에 쓰다 - 연단을 거쳐 말씀 순종	- 말씀이 살았고 운동력 있어 육신이 되는 화육의 파워 레마 - 말씀이 자유자재로 역사하는 주님의 도구
기도 내용	- 참 마음으로 자신의 필요를 제쳐놓고 다른 사람의 필요를 위해 헌신적으로 간구한다 - 부탁하는 좋은 친구의 기도, 언약을 붙드는 중보기도를 한다 - 예수로 말미암아 늘 찬미와 제사의 기도를 드린다	- 고난의 십자가를 통과해서 질고를 알기 때문에 사람들의 죄를 자신의 것으로 여기며 부모와 대제사장의 심정으로 회개하고, 변론하고, 회복하는 능력 있는 중보기도를 한다 - 주님과 자유자재로 연합하도록 자신을 산 제물로 드린다 - 피 흘리기까지 악의 세력과 싸운다
주님이 차지하는 삶의 실제 역할	- 쉴만한 물가로 인도하는 참 목자 - 은혜의 하나님	삶의 전 영역에 걸쳐 길과 진리와 생명이 되시는 유일한 사랑의 주인 신랑님
사역자의 관심	- 외형적인 조건에 상관없이 소명에 붙들려 아벨의 제사로 충성한다 - 이삭을 드린 아브라함의 시험을 통과한다 - 드리는 순종의 삶을 살며, 양떼를 사랑한다	- 믿음으로 상 주심을 바라보며 오직 주님이 기뻐하실 일에 동참한다 - 하나님의 임재하심 가운데 하나님이 자유자재로 삶을 주도하시므로 참된 빛과 소금이 되어 하나님의 왕국을 회복하는 사역을 한다.
진단 질문	- 주님! 무엇을 할까요? - 내가 여기 있나이다	- 주여, 감격합니다 - 내 잔이 넘치나이다

영적 성숙 단계표 2

속죄소
지성소
향단
등대
떡상
생명과
Truth-base thinking
물두멍
주인 바꾸기
(시선 정리, 사고 전환)
번제단
선악과
Lie-base thinking
연합
찬양
순종
감사
자아 죽이기
눈물
율법신앙
비판
기복신앙
주세요

2부

두려워 숨었나이다

내면 치유(수술)

"이르되 내가 동산에서 하나님의 소리를 듣고 내가 벗었으므로 두려워하여 숨었나이다" | 창 3:10 |

"그러므로 예수께서 자기를 믿은 유대인들에게 이르시되 너희가 내 말에 거하면 참으로 내 제자가 되고 진리를 알지니 진리가 너희를 자유롭게 하리라" | 요 8:31, 32 |

마음의 행로(내면 치유도)

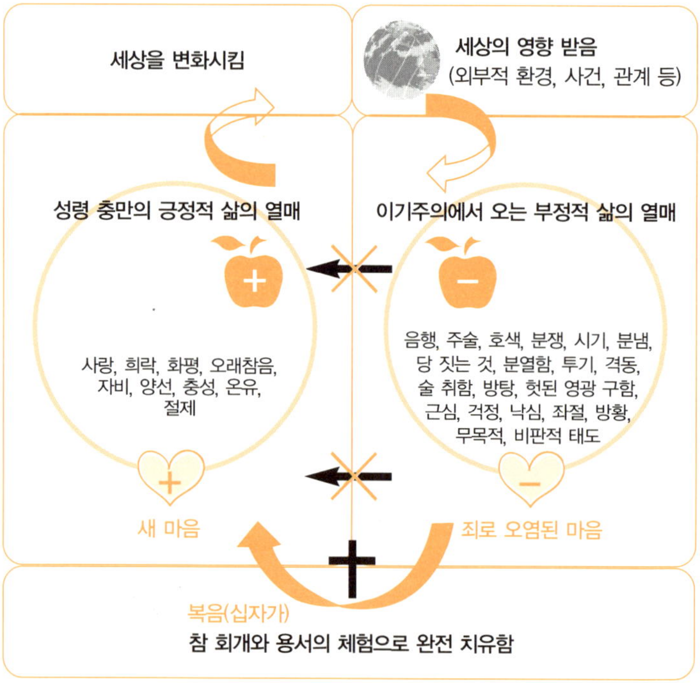
세상을 변화시킴
세상의 영향 받음
(외부적 환경, 사건, 관계 등)
성령 충만의 긍정적 삶의 열매
이기주의에서 오는 부정적 삶의 열매
사랑, 희락, 화평, 오래참음,
자비, 양선, 충성, 온유,
절제
음행, 주술, 호색, 분쟁, 시기, 분냄,
당 짓는 것, 분열함, 투기, 격동,
술 취함, 방탕, 헛된 영광 구함,
근심, 걱정, 낙심, 좌절, 방황,
무목적, 비판적 태도
새 마음
죄로 오염된 마음
복음(십자가)
참 회개와 용서의 체험으로 완전 치유함

치유가 필요한
깊은 내면 세계

'마음의 행로(내면 치유도)'를 보며

내 마음이 어떻게 어두운 현재의 모습이 되었는지, 건강한 마음의 기준은 무엇이고 어떻게 웰빙 상태로 회복할 수 있는지, 원인 치유의 길은 있는지, 성령님께서 우리의 눈을 열어 그 답을 찾아 주시길 간절히 기도하며 하나하나 살펴 보겠습니다.

인간은 창조주 하나님을 닮은 특별한 피조물로 지음 받았습니다. 하나님의 모습으로 사이좋게 번성하고 함께 이 세상을 다스리라는 사명을 받았습니다. 하나님은 우리에게 영 · 혼 · 육을 사명의 도구로 주셨습니다. 영은 주인 되신 하나님과 교통하여 삶의 중심을 잡아 주는 기관입니다. 혼은 생각하는 능력인 지성, 그리고 그 생각에 느낌으로 반응하는 정(情), 이에 따라 어떻게 할 것인가를 결정하는 의지를 통해 자신을 의식하는 기관입니다. 또한 상상해서 생각하고 느끼고 결정한 것은 기억 속에 저장됩니다. 육은 영과 혼이 거하는 집입니다. 하나님은 영을 통해 전해진 거룩한 하나님의 뜻을 혼이 순종할 때만 바른 자기 평가와 삶의 의미를 가질 수 있는 의존적인 존재로 사람을 지으셨습니다.

그러나 선악과 사건 이후 주인 되신 하나님과 두절된 영은 기능을 잃고 무능력하게 되었습니다. 하나님께 영광 돌리는 삶이 자신의 생존 문제에 급급한 육신의 요구로 대치되었습니다. 마크 트웨인의 아동 소설 『왕자와 거지』에서 왕자는 어느 날 호기심에 거지와 옷을 바꾸어 입고 왕궁을 나섭니다. 아무도 그의 신분을 인정해 주지 않고 그를 정신 나간 거지 아이로 취급합니다. 구사일생 끝에 왕궁으로 돌아와 자기 왕좌를 회복하기까지, 왕자가 하루하루 연명하기 위해 별수 없이 진짜 거지로 전락하여 경험했던 갖가지 고생에서 인간의 적나라한 모습을 보게 됩니다.

혼은 홀로 서지 못하는 불안정한 기관입니다. 당장 밀고 들이닥치는 생존 경쟁에서 살아남기 위해 무능해진 영의 자리에 육이 대신 들어와 앉았습니다. 혼이 새로운 명령체계인 육의 지배하에 들어간 것입니다. 거룩한 삶이 동물적인 수준으로 하락했습니다. 삶의 주위 환경이 나만을 위해 존재하길 고대합니다. “나는 이것저것이 꼭 필요해요” 하며 ‘필요’라는 이름으로 자신과 남을 괴롭히고 자기 맘대로 자리를 확보하려 듭니다. 막강한 적수들로 가득 찬 세상은 만만치 않습니다. 그래서 그게 우리 모두의 고민입니다. 인생이 전쟁터가 되었습니다.

상처는 주어진 환경이 자기 뜻대로 되지 않을 때 생깁니다. 곧 상처는 만나는 환경을 제 맘대로 해석한 나의 감정적 반응입니다. 자기 뜻이 꺾이면 좌절하여 남에게 상처를 주는 가해자가 되지만, 오히려 자신의 상처만 붙들고 본인이 상처를 제일 많이 받은 피해자로 착각하는 것입니다. 인간은 좋든 나쁘든 모든 것에 습관을 만듭니다. 늘 피해자 입장에서 세상을 보며 자신을 연민의 노예로 묶어 놓고 스스로 진을 뺍니다. 힘겨워 하면서도 몸부림치는 상태에 그럭저럭 적응해 버립니다.

저는 최근 몇 년간 해마다 한 번씩 한국을 방문하게 되었습니다. 매년 화려해지고 편리해진 한국의 모습에 놀랍니다. 먹고사는 문제에 허덕이던 어제는 가고 이제는 소비국으로 우뚝 선 경제대국이 되었다는 생각이 들었습니다. 사람들의 차림새나 호텔을 방불케 하는 아파트 하며, 겉보기엔 정말 잘사는 나라 같습니다. 그런데 어쩐지 지하철을 탄 사람들의 표정이나 거리에 밀치고 다니는 이들의 표정은 너무도 사납고 피곤에 찌든 곤고한 모습들이어서, 못살던 시절의 밝고 훈훈하던 모습과는 너무도 비교가 되었습니다.

인간은 영원을 사모하도록 지음 받았습니다. 일단 먹고사는 일차적 문제가 해결되면 행복감도 잠시뿐, 인간의 욕망은 밑 빠진 독이라서 가질수록 더 가져야 하는 목록이 늘어나게 마련입니다. 인간은 평안과 기쁨이 없는 상태를 견디지 못합니다. 그리하여 배가 불러 올수록 불만족도는 올라가고 그것은 높은 범죄와 자살률로 이어집니다.

하나님께서는 우리가 구원받은 자녀답게 행복하게 사는 모습을 간절히 보고 싶어 하십니다. 구원받은 하나님의 백성이 계속 불신자같이 산다면 그것은 생지옥입니다. 우리 내면의 거센 죄의 욕망은 하나님의 마음과 영원히 섞일 수 없는 물과 기름입니다. 왕의 자녀가 거지 꼴로 아귀다툼하는 모습을 내버려 두시지 않습니다. 구원받은 자가 아무리 죄에 빠진 채 있으려 해도 내주하시는 성령님은 우리 안에서 죄의식을 건드려 괴로워 견디지 못하게 하십니다. 피해의식에 속아 죄를 먹고 마시며 몸부림치다 탈진한 마음을 만지사 탕자처럼 죄를 버리고 주님 앞으로 나아오도록 인도해 주십니다.

우리 모습이 온전히 그분의 성품으로 건강하게 회복되기까지 쉬지도 포기하지도 않으십니다. 하나님의 사랑은 영원히 주는 사랑입니다. 이를 이루는 과정이 성화입니다. 성화를 위해 끊임없이 환경을 도구로 마음의 정원을 가꿔 가십니다. 그리하여 마음으로 거룩을 염원하는 성화가 먼저 일어나고 점차 영 · 혼 · 육이 본래의 건강한 모습을 되찾게 됩니다. 성령님의 일하심을 전적인 믿음으로 신뢰할 때 온전한 치유가 일어납니다. 이는 본래 상태가 망가져 상처난 영 · 혼 · 육의 웰빙 상태를 전인적으로 회복하는 것이 목표인 전인 치유(total healing)입니다. 전인 치유는 크게 3가지 부분으로 나뉩니다.

첫째, 하나님과의 관계 회복을 통한 영의 치유입니다.

기초가 튼튼해야 집을 제대로 지을 수 있듯이, 모든 것을 만드신 하나님이 어떠한 분인지를 깊이 알게 될수록 주님과의 관계가 긴밀해집니다. 주님과 가까워진 밀도에 비례해 상처받은 영이 원본에 가깝게 회복됩니다. "여호와를 경외하는 것이 지식의 근본"(잠 1:7)이라는 말씀과 같이 세상 풍조에서 벗어나 하나님의 선하시고 기뻐하시고 온전한 뜻을 알고자 기도하며 순종하고, 하나님과의 깊은 영적 관계 회복에 초점을 두는 것이 곧 '주인 바꾸기-하나님 성품 훈련', 혹은 영성 회복, 영의 치유입니다(롬 12:1-2).

둘째, 인간을 인간답게 하는 인간성 회복입니다.

인간에게 주어진 하나님의 귀한 선물 중 상상력과 기억력이 있습니다. 자신을 가해하는 상상을 생각에 그리면 이에 대해 감정이 싫다, 슬프다, 화난다 등으로 반응하고, 반응한 감정에 따라 의지가 행동에 동기를 부여합니다. 하나님의 선물은 사용 용도에 따라 명약이 되기도 하고 독약이 되기도 합니다. 좋은 상상으로 떠올린 좋은 기억은 우리로 그 가운데 계속 머물고 싶은 소원을 불러일으킵니다.

환경 가운데 만나는 일에 대해 피해자 입장에서 부정적으로 반응할 때 상처가 생깁니다. 어떤 사건에 대해 상처받았다고 해석하면 마음에 상처로 기억되어, 비슷한 상황에 대비하는 자기 방어책인 쓴 뿌리로 마음 깊이 자리를 잡습니다. 비뚤어진 생각, 상한 마음, 굳어진 쓴 마음, 자기 의의 고집 등으로 무의식 속에 차곡차곡 입력됩니다. 나쁜 기억은 잠수해 있다가 비슷한 상황을 만나면 비디오를 재상영하듯 자동적으로 아픈 옛 상처를 생생하게 쓴 뿌리에서 끄집어냅니다. 쓴 뿌리가 끄집어낸 상처를 통해 모든 세상을 바라보며 내면으로는 비뚤어진 상상으로 시시때때 기억나는 부정적 생각, 감정에 자신을 몰아넣다 보면 결국 자멸로 이어지게 됩니다.

이런 상처로 왜곡된 지 · 정 · 의의 정상 회복을 꾀하는 것이 흔히 듣던 상한 마음의 치유, 곧 내면치유입니다. 내면치유는 주님의 성품 곧 성령의 열매가 내 안에 이루어지는 것에 비례해, 내면 깊이 뿌리박힌 쓴 뿌리가 녹아내리며 상한 감정의 왜곡된 기억이 진리로 바뀔 때 이루어집니다. 내면치유는 잔 가지의 원인에 따라 크게 세 부분으로 나뉩니다.

비뚤어진 교만한 생각의 치유 우선 생각의 판단 기준이 이기주의의 주관적인 기준에서 절대 기준인 하나님 말씀 중심으로 바뀌어야만 정상적인 사고를 할 수 있게 됩니다. 우리가 상처받는 이유는 제멋대로 오해하는 자신의 잣대에서 비롯되기 때문입니다. 말씀 중심으로 관점이 옮겨져 거짓이 진리로 바뀌어 이해되는 만큼 상처의 원인이 없어집니다. 피해자의 입장에 서서 자신이 가해자일 수도 있다고 생각함으로 이해의 폭이 넓어집니다. 자연히 이웃을 부족한 모습 그대로 받아 주는 아량이 생깁니다. 병든 생각의 근본 치유책은 절대 표준인 성경 말씀에 하나님보다 높아진 내 생각을 사로잡아 비추어 보고 마음을 새롭게 하는 생각의 말씀화, 그리스도화입니다. 나의 왕 예수님이라면 어떻게 생각하실지 인생관을 왕의 시각으로 바꾸는 것입니다. 말씀의 안경을 쓰면 삶을 바라보는 관점과 견해가 바뀝니다(고후 10:5).

상한 감정의 치유 잘못된 생각과 보호 본능에 가려진 상한 감정의 기억의 뿌리는 심지어 태아 시절까지 거슬러 올라갑니다. 처음 받았던 아픔의 기억이 잠재의식 속에 있다가, 아픔을 연상시키는 비슷한 상황, 사람, 환경, 냄새, 그림, 색깔, 물체 등을 만나면 첫 상처의 감정 상태로 돌아갑니다. 성 학대, 육체적 학대, 극한 가난의 고통, 불화한 가정에서 사랑 결핍 속에 자란 불우한 사람들뿐 아니라, 아무런 부족함 없이 유복한 가정에서 자란 이들도 치유받아야 할 응어리진, 내재하는 상한 어린 마음이 있습니다.

내 삶을 주님께서 만져주신 부분만큼 치유가 일어납니다. 하나님의 여러 성품을 날마다 그분과 동행하는 삶 속에서 깊이 만나면 꽉 잡혀 있던 온갖 나쁜 감정으로부터 점점 자유하게 됩니다. 과거 나쁜 감정들이 생명을 주시며 만져주시는 사랑을 경험함으로써 현재의 좋은 감정으로 바뀝니다. "너희가 내 말에 거하면 참으로 내 제자가 되고 진리를 알지니 진리가 너희를 자유롭게 하리라"(요 8:31,32). 은혜로 주님의 마음과 하나 되니 세상적인 욕심이 마음에서 점점 사라지고 고침 받은 치유 중매자가 됩니다.

아무리 불같은 은혜를 받아도 쓴 뿌리는 단번에 뽑히지 않습니다. 원뿌리라고 생각했던 것이 후에 보면 하나의 잔뿌리일 수도 있습니다. 다른 이에게 속을 털어놓으면 잠시 시원할 뿐입니다. 하지만 계속 성령께서 생각나게 해 주실 때마다 상한 감정의 치유를 반복하면, 완전하게 고침받을 수 있습니다. 치유는 현재 진행형입니다. "와 보라" 하시는 주님 앞에, 있는 모습 그대로 나아가는 것이 치유의 첫걸음입니다. 주님은 지금도 우리의 상한 마음을 어루만져 주시려 기다리고 계십니다. 간절히 낫고자 하는 소원을 품고 성령께서 치유가 필요한 사건들을 생각나게 해 주시길 간절히 기도하며 창조주, 구원자, 영원한 치유자 되신 예수님을 상처의 현장에 초청하십시오.

예수님은 시간의 주인이시기에 과거 · 현재 · 미래 시간에 매이지 않으십니다. 매 사건마다 그때의 시간으로 돌아가 완전한 의사이신 예수님이 만져주시길 간절히 사모하며 아픈 모습 그대로 주님 앞으로 나가십시오. 쓰라린 심정을 솔직히 고백하며, 모든 상처 구석구석을 주님의 피 묻은 손이 만져주실 때 온전히 낫는 생생한 현장을 바라보십시오. 주님의 피가 흘러내려 죄에 눌리고 상한 마음이 풀어지고, 고침받은 감격이 물밀듯 터져 나올 때까지 주님의 만져주심 가운데 자신을 전적으로 맡기십시오. 주님의 사랑의 임재 속에 자신을 밀어 넣으십시오. 하나님 자녀로 받아 주신 그 은혜들을 묵상하십시오.

하나님 두기를 싫어하는 불순종의 악한 의지의 치유 하나님과 같아지려는 헛된 욕망의 타락한 본성은 마음에 하나님 두기를 싫어하며 반항합니다. 깊은 무의식에서조차 스스로를 왕이라 여긴 나머지 하나님을 포함한 어느 누구의 간섭도 견디지 못합니다. 인생의 한계점에 부딪혀 절박해야 겨우 신을 찾습니다. 그러나 초신자는 '내 소원의 해결사'로서 신을 찾을 뿐입니다. 많은 신자들이 기복신앙 단계에 너무 오래 머물러 있어 우리 주님을 안타깝게 합니다.

하나님이 우리에게 주신 가장 귀한 선물은 자유의지입니다. "하나님 앞에서는 율법을 듣는 자가 의인이 아니요 오직 율법을 행하는 자라야 의롭다 하심을 얻으리니"(롬 2:13). 다른 사람을 비판할 허가서라도 당당히 소유한 듯 자기 의에 비추어 비판하며 자기 맘대로 고집 피우겠다는 꿈에서 깨어나야 합니다. 그것은 착각일 뿐입니다. 우리는 의인이 아닌 죄인입니다. 하나님을 마음에 두기 싫어하는 고집스럽고 비뚤어진 막무가내의 반항심리를 고침받아야 마음의 평안이라는 은혜가 임합니다. 하나님은 전인 치유의 잔칫상을 차려 놓고 기다리고 계십니다.

자유의지의 결정은 참으로 중요합니다. 우리가 어리석게 육신이 부추기는 죄성을 따름으로 인해 임할 진노를 쌓아 스스로 죄의 사이클 속에서 벗어나지 못하면, 육으로 심은 대로 육으로 거두게 됩니다. 그러나 지혜롭게 나의 한계를 인정하고 주님을 바라보면 은혜의 사이클로 옮겨 갑니다. 영으로 심은 것은 영으로 거둡니다. 죄의 번민에서 벗어나 자유한 삶을 누리게 됩니다. 믿음은 자유의지의 최대의 표현입니다. 원하지 않을 땐 백만금도 휴지에 불과합니다. 하나님이 과연 무엇을 기뻐하실까 마음의 중심을 잡고 자신을 쳐 복종시키는 자유의지의 훈련이 치유의 열쇠입니다.

셋째, 병든 육신의 치유입니다.

우리의 영 · 혼 · 육은 서로 아주 밀접한 관계에 있습니다. 건강한 마음에 건강한 신체가 따라옵니다. 예수님은 공생애 때 생각이 바로잡히도록 말씀을 많이 가르치셨고, 천국 복음을 전파하시며 모든 병과 모든 약한 것을 고쳐 주셨습니다(마 9:35).

"…내가 온 것은 양으로 생명을 얻게 하고 더 풍성히 얻게 하려는 것이라"(요 10:10). 말씀대로 영생을 주심과 동시에 마음과 몸을 고쳐 주시어 삶을 풍성히 누리도록 하셨습니다. 영 · 혼 · 육이 온전히 강건하여 주 안에서 건강한 삶을 누리는 것은 우리를 향한 하나님의 기쁘신 뜻입니다.

때로는 과거의 죗값 때문에라도 병에 시달리는 것이 당연하다며 고통받는 이들도 있습니다. 그러나 하나님은 자녀가 죄를 지었으니 아픈 게 당연하다며 고소해 하는 편협한 아버지가 아니십니다. 하나님은 집 나간 탕자가 회개하고 돌아올 것을 밤낮으로 기다리시는 사랑의 아버지입니다. 염치 불구하고 아버지 하나님께 두 손 들고 나와 보십시오. 한 발 다가가면 열 발 뛰어와 맞아 주십니다. "의인은 믿음으로 말미암아 살리라"(롬 1:17). 믿음으로 부어 주시는 은혜를 감사히 받고 영 · 육 간에 건강한 삶을 누리길 축복합니다.

자기 중심의 부정적 삶의 사이클

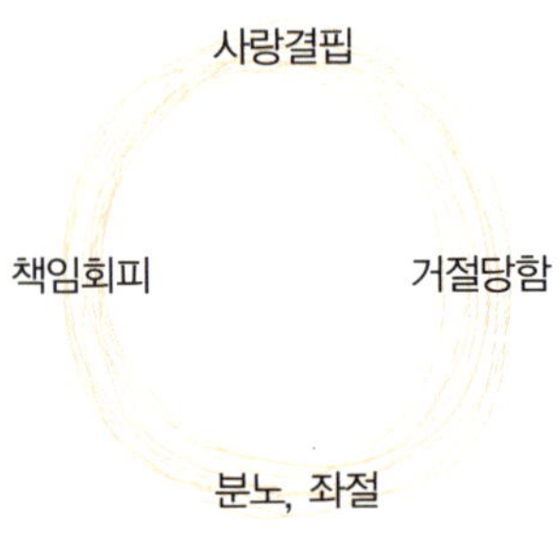

하나님 중심의 긍정적 삶의 사이클

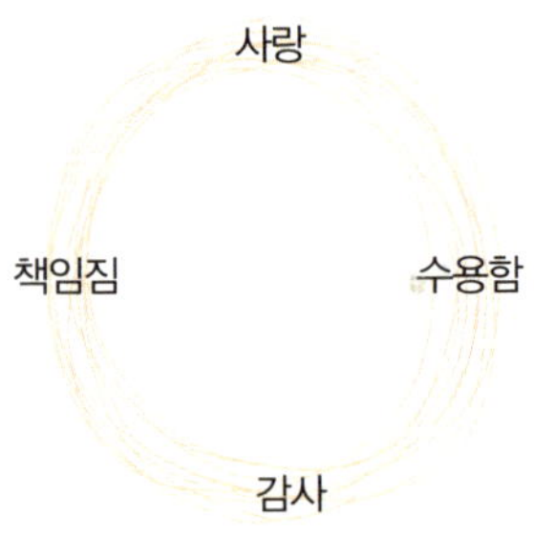

주인 바꾸기 성품훈련

Self-Help

"네가 어디 있느냐?"는 하나님의 질문에 대한 대답이 혼동된 내면세계의 현주소를 진단합니다. 벗어버리고 치유받아야 할 나의 수치심, 나의 상처는 무엇인지 적어 보십시오.

성품훈련 암송성구

"모든 지킬 만한 것 중에 더욱 네 마음을 지키라 생명의 근원이 이에서 남이니라"(잠 4:23).

갈등은 가면무도회

"내 영혼아 네가 어찌하여 낙심하며 어찌하여 내 속에서 불안해 하는가" | 시 42:5 |

선악과 사건 이후 이 세상

사람 모두가 자기 왕국의 왕 행세를 하며 삽니다. 선악과를 먹으면 정녕 죽으리라는 하나님의 말씀은 영원토록 효력이 있습니다. 두 사람만 만나도 서로 자기 영역을 지켜 내려는 의지 때문에 갈등이 생깁니다. 행복을 원함은 같지만 남이야 어찌 되든 궁극적으로 나만의 행복을 추구하기에 삶이 치열한 전쟁터가 됩니다. 각기 다른 사회적, 문화적, 경제적 가치관, 지역적 전통, 종교관 등 다른 성장 과정과 배경에서 형성된 개개인의 기질, 성격, 생각과 감정 표현에 차이가 많습니다. 복합적 요소들이 마구 섞인 눈으로 타인을 바라보기 때문에 자신도 상대방도 제대로 이해하기 힘듭니다.

다른 이의 입장을 이해하지 못하는 데서 많은 오해와 곡해가 생깁니다. 성격, 습관의 차이, 오해, 곡해 등의 복합적 요소로 인한 갈등 가운데, 거절당한 마음, 실망, 좌절로 마음에 상처가 생깁니다. 게다가 자기 입장만 내세우는 습관 때문에 인간관계는 잘못 건드리면 터지는 시한폭탄처럼 불안한 상태입니다. 사람은 아픈 것을 싫어합니다. 본능적으로 상처를 받을까 두려워합니다. 계속 쉴 새 없이 부딪치는 상황 속에서 행여 또 누가 날 아프게 할까 하여 비록 얼굴은 웃을지라도 방어 본능으로 마음의 벽을 높이 쌓게 됩니다.

많은 이들이 상처의 눈으로 세상을 바라봅니다. 상처의 악순환과 바싹 메마른 정서 가운데 상한 감정을 갖가지 겉모습으로 포장하고 살지만, 자기도 모르는 사이에 불평불만으로 가득 찬 중환자가 되어 가는 것입니다. 많은 갈등으로 쓴 뿌리는 깊어만 갑니다. 아물지 않은 옛 상처는 현재 삶을 고통스런 과거로 끌어내려 내일의 희망을 죽이는 암세포입니다. 나도 너도 죽이는 독소입니다. 아무렇게나 엉겨 붙은 상처로 오그라져 굳은 마음입니다. 깨진 유리조각을 삼켰다면 유리조각이 지나가는 모든 부분이 찢어져 그것을 꺼내지 않는다면 생명까지도 위태롭게 될 것입니다. 하지만 괴로움에서 벗어나고자 모든 원인을 남의 탓으로 돌리며 책임을 회피할수록 문제는 악화됩니다.

치유받지 못한 마음의 증세

실락원 선악과의 결과는 죽음이다. 하나님을 대적하는 선악과 질문들은 우리의 인격에 마귀 형상을 입혀 준다.

거짓말 너는 하나님과 같다. 네가 네 삶의 주인이다. 네가 왕이다(창 3:5).

선악과의 기준은 자기중심적 이기주의이다.

1) 먹음직(육신의 정욕) / 자기 실리 / 1차 생존의 욕구
2) 보암직(안목의 정욕) / 자기 뜻, 자기 소원, 자기 의지 / 2차 관계의 욕구
3) 지혜롭게 할 만큼 탐스러운(이생의 자랑) / 자기 영광 / 3차 자존감의 욕구

병든 마음 뒤틀린 상상력에서 나온 죄책감, 수치심, 열등감, 두려움으로 우리를 괴롭히며 진을 뺀다.

아픈 마음에 대한 자신의 처방 무화과잎 치마＝계속되는 선악과 질문＝자력구원＝행위구원＝쓴 뿌리의 원인, 과정, 활동＝무리에서 분리＝숨는다＝외로움＝죽음

1) 자기 합리화 / 자기 의 / 괴로움에서 벗어나려 한다.
2) 책임회피 / 책임전가 / "네 탓이야."
3) 정죄 / 남에게 뒤집어씌운다(상처난 생각).
4) 상처난 감정 / 병든 마음 / 원망 / 분노 / 혈기 내는 습관이 굳어진다.
5) 상처난 기억력인 쓴 뿌리가 한이 된다.

결국 치유되지 않으면 악한 마음이 부추기는 대로 증오로 혈기 충천해, 비위가 상한 대로 상처만 붙들고 늘어집니다. 상처난 쓴 마음(생각 / 감정 / 의지)으로 세상을 비판적으로 보며 자기 왕국을 만들고자 하지만 뜻이 꺾이면 혈기 충천한 지옥의 사자가 됩니다.

사랑이 그리우나 깨 버리며, 악한 욕망에 매여 부정적 쳇바퀴를 한없이 돌며 서로를 불행으로 내몬 빛 좋은 개살구 아합과 이세벨 부부의 비극적 인생을 살펴보겠습니다. 하나님을 섬겨야 하는 아합 왕이 이방 신 바알을 섬기는 이세벨과 결혼합니다. 이세벨은 무서운 여자입니다. 유약하고 게으른 아합 왕과

정략결혼하여 성(性)을 무기로 아합 왕을 성놀음에 빠지도록 애완용 동물로 타락시키고는 이스라엘의 모든 권력을 자기 만족을 위해 거머쥡니다. 그녀에게 거룩한 하나님은 너무나 거추장스럽습니다. 양심을 마비시키는 온갖 추악한 죄악과 권모술수를 당연시하는 자신의 종교를 이스라엘의 종교로 대치해 완전히 이스라엘을 무법천지로 타락시킵니다. 거룩한 하나님의 형상인 인간을 짐승보다 못한 수준으로 끌어내리기에 우상숭배는 하나님과 원수가 됩니다.

남자가 가정의 대표여야 하지만, 아합은 기가 센 여자 이세벨에게 권세를 쥐어 주고 게으르게 자신의 안일만을 챙긴 비겁한 남자입니다. 나봇의 포도원이 탐났을 때도, 악한 중상모략으로 나봇을 돌로 쳐 죽이고 빼앗은 밭을 쥐어 주는 악한 아내에게 박수 치는 인간입니다. 아내를 악녀로 부추기고 백성의 피를 짠 악한 흡혈귀 군주입니다.

한편 성을 무기로 남편을 손에 넣고 평생 제맘대로 권력을 휘둘렀던 이세벨은 과연 행복했을까요? 욕망은 밑 빠진 항아리와 같아서 결코 채워지지 않습니다. 유약하고 게으르고 자기만 아는 아합이 대가 센 여자를 만족시켰을지가 의문입니다. '권력이 힘'이라고 믿는 그녀는 나봇의 밭이 탐나 고민하는 아합이 얼마나 한심해 보였을까요? 아합은 왕만 아니었다면 도무지 남자답지 못해 천 번 만 번 헌신짝처럼 버림받았을 것입니다. 제 맘대로 휘두르는 맛에 열정적으로 남편에게 헌신한 이세벨과 편한 맛에 왕의 의무를 아내의 손에 무책임하게 넘긴 악하고 게으른 종 아합 왕은, 서로의 부딪치는 갈등을 무대삼아 철저하게 가면을 쓰고 자신의 욕망 충족을 위해 상대방을 이용했던 사랑 부재의 비극적인 부부의 대표 모델입니다.

Self-Help

1. 자신 안에 갈등의 결과로 책임전가, 원망, 비판하는 마음, 비교심리, 분노 등으로 나쁜 감정의 벽이 높아집니다. 구체적으로 자신의 평안을 앗아가는 원망(나의 쓴 마음)의 내용을 구체적으로 적어 보십시오.

2. 책임전가했던 일을 주님 앞에 정직하게 내려놓고 자신의 책임 부분에 초점을 맞추어 그런 쓴 마음이 생긴 상황을 적어 보십시오.

성품훈련 암송성구

"…무엇이든지 너희가 땅에서 매면 하늘에서도 매일 것이요 무엇이든지 땅에서 풀면 하늘에서도 풀리리라"(마 18:18).

쓴 뿌리의 시작 : 두려움

사람은 가장 소중하게 아끼는 가치나 사람을 지키기 위해서는 목숨을 거는 것도 두려워하지 않습니다. 그러나 왜곡된 자기 사랑이나 욕심은 두려움을 낳습니다. 자신의 소유라고 생각된 것을 잃어버릴까 봐, 좀 더 가지고 싶어서, 남의 것이 부러워서, 빼앗기지 않으려고, 내 것을 남이 가진 것 같아서, 자기 안전이 위협당할까 봐, 자신의 속내가 드러날까 봐, 자신의 수치가 드러날까 봐, 자신의 부족함이 드러날까 봐, 가진 복을 잃을까 봐, 남과 비교될까 봐, 남보다 떨어질까 봐, 헐벗고 굶주릴까 봐 우리는 두려워합니다.

자신의 정체성 문제가 불확실하여 불안하고 두렵습니다.

이 두려움에 대한 해결책으로 자기 자리를 안전하게 확보하여 자신의 중요성을 확인하며 생존 경쟁의 두려움을 씻어 보려 합니다. 하지만 욕심을 낸다고, 술수를 부린다고 안전이 손에 움켜쥐어지지 않습니다. 잡으려고 몸부림칠수록 손에서 빠져 달아납니다. 끊임없이 끌어내리는 물귀신같이, 작은 우려가 더욱 큰 두려움으로 불어납니다. 하나님이 되려는 탐욕으로 타락한 마귀는 탐욕과 두려움의 노예가 되어 오늘도 하나님의 자녀인 우리들의 마음을 욕망에 집착하도록 부추기어 두려움의 종으로 잡아 놓습니다.

자녀 됨을 누리지 못하도록 발목 잡는, 벗어버려야 할 치유받지 못한 내면의 증상들인 두려움과 분노에 대해 자세히 살펴보겠습니다.

안전(security) 육신의 보존에 대한 두려움으로 생존 본능적 두려움입니다.

거절감(rejection) 인간은 사회적 동물입니다. 혼자서는 살지 못하고 다른 인간과 긴밀한 관계를 가져야 안정감을 느낍니다. 그래서 어디든 속하려는 소속 본능이 있어 소외당하는 거절에 대한 두려움이 무의식의 바닥에 깔려 있습니다.

자존감(significance) 먹고 자는 것만으로 인간은 만족하지 못하여 자신이 중시하는 우선순위에 따른 성취도에 자신의 존재 의미를 부여합니다. 사람마다 자연적인 기질과 환경에 길들여진 독특한 삶의 습관이 굳어진 성격을 갖습니다. 우리는 수많은 관계 속에서 길들여져 갑니다. 남에게 나를 맞추어 길들이고, 또한 나도 남에게 길들여집니다.

똑같은 환경일지라도 선택에 따라 전혀 다른 사람이 됩니다. 여러 환경과 각자의 기질이 만나 생의 근본적인 3가지 두려움 중 그 어느 하나에 연결되면 그것이 그 사람의 모든 행동의 방향을 잡아 주는 역할을 합니다. '만약에'라는 두려운 생각이 떠오르면 이 생각에서 저 생각으로 꼬리를 물게 됩니다. 그러므로 각기 처한 환경 가운데서 생긴 자신의 두려움의 행로를 찬찬히 살펴보면 건강한 자아상을 찾는 길이 보입니다.

3가지 기본 두려움의 눈으로 보면 나는 사랑받지 못한 사람(사랑 결핍)이며 무가치한 사람(낮은 자아상)이라며 자신을 매도하게 됩니다. 그런 가운데 우리는 살아남기 위해 각자 다른 기질의 성향을 따라 나름대로 삶의 처방을 내리고 그 기준대로 살아갑니다. 이제 두려움에서 시작된 어두운 마음의 행로들을 살펴보겠습니다.

외향성 기질을 붙들면 생존을 위해 사랑을 얻고자 다른 옷을 갈아입으며, 사랑 결핍 → 거절당함 → 이기주의 행동 → 분노, 좌절 → 책임 회피의 사이클을 돌게 된다. 저들의 중심 문제는 자신의 영광이다(열등 혹은 우등 자아상을 갖고 끊임없이 중심이 되려 한다). 반항하고 튕긴다. 궁극적으로 하나님께 대항하고 자기 의를 붙들고 감사치 않고, 원망과 분노로 허망해져 우상숭배하며 반항한다. 타인에 대하여 사랑이 없고 자기의 생존과 이익을 위해 살아간다.

1) 아부형 인간의 옷을 입는다(자기 이익을 위한 순종, 간신형)

- 두려움 → 열등감 → 실패감 → 불안정 → 아부 → 교활 → 권모술수 → 거짓말 → 분노 → 살의
- 육신의 정욕, 안목의 정욕이 주된 죄의 통로
- 예: 사울

2) 헌신형 인간의 옷을 입는다(자기를 위해 조건부로 사랑한다)

- 두려움 → 열등감 → 낮은 자존감 → 불안정 → 헌신 → 자기 의 → 거절감 → 배신감 → 쓴 마음
- 예: 요나단, 야베스, 상호의존적 관계(codependent personality)

- 1), 2) 유형의 특징: 중심인물이 되기 위해서 베풂, 지나친 희생
- 성화 후: 무조건적 사랑, 사려 깊음, 양육
- 예: 요나단

3) 경쟁적 지배형 인간의 옷을 입는다(이생의 자랑, 죄의 통로)

- 두려움 → 반항 → 소유욕 → 지배욕 → 원망 → 망상 → 우월감 (열등감) → 고집 → 경쟁 → 자만 → 비교심리 → 적개심 → 독선 → 군림 → 사나움(성학대증/성기피증) → 자기 영광 → 권모술수 → 폭력 → 우울증
- 특징: 지나치게 활동적, 거절을 못함, 자기중심적, 요구적, 학대적, 충동적
- 성화 후: 책임감, 열성적, 생산적, 자발적, 실제적 성취가, 행동가, 전도자
- 예: 야곱, 이세벨, 바로

4) 비판적 지배형 인간의 옷을 입는다

- 두려움 → 반항 → 소유욕 → 시기 → 지배욕 → 열등감 → 교만 → 좌절감 → 거절감 → 망상 → 원망 → 불평 → 험담 → 비판 → 군림 → 적개심 → 궤변 → 독불장군 → 심

한 심적 변화 → 날카로운 신경 → 혈기 → 폭력적인 사람

- 특징: 우유부단, 율법적, 두려움, 모순됨, 불규칙한 반응, 불안정, 공격적, 방어적, 비판적
- 성화 후: 사랑스럽고 마음을 끈다. 양심적, 헌신적, 고지식하게 충성, 개혁가, 예언자
- 예: 가인, 완전주의자

일반적으로 외향적인 사람에겐 세상의 모든 것이 자신을 위해 존재한다. 저들은 목표한 것은 반드시 움켜쥐려는 탐욕의 노예이다. 탐욕이 최고 우선순위이므로 이를 얻기 위해 방해되는 모든 것을 제거하고 희생한다.

쓴 마음이 지배하면 쓴 마음 → 의심 → 망상 → 미움 → 후회 → 앙심 품음 → 비판 → 고소 → 반항 → 분노 → 이기주의 → 혈기 → 복수극 → 자기합리 → 거짓말 → 권모술수 → 폭력 → 살인까지 간다.

내향성 기질을 붙들면 이 사람은 생존을 위해 사랑받고자 몸부림친다. 관심을 끌려 한다. 의심의 증거를 모은다. 탐욕은 있으나 벽에 부딪치면 포기해 버린다. 포기 후 책임을 남 혹은 자기에게 돌린다.

1) 문제 기피형 자포자기 인간의 옷을 입는다(책임을 전가한다)

- 두려움 → 열등감 → 거절감 → 사랑 결핍 → 비통함 → 의욕상실 → 책임회피 → 대화 단절 → 불신(의부증 · 의처증) → 폐쇄적 → 분노 → 각종 중독 → 낙심 → 절망 → 자살
- 예: 사마리아 우물가의 여인, 아합
- 두려움 → 불안정 → 자기 소원 사랑 → 죄의식 → 자책 → 수치감 → 무가치함 → 거짓 이웃 연민 → 거짓 책임감 → 우울증 → 낙심, 희망 상실 → 자기 거절 → 자살
- 예: 가룟 유다

2) 쾌락으로 도피하는 옷을 입는다

- 두려움 → 거절감 → 책임회피 → 무관심 → 각종 중독성 쾌락에 빠짐 → 변태 행동, 성욕
- 특징: 자기몰입, 변덕, 우울, 자기연민, 자기혐오, 수치, 자기증오, 도피, 중독
- 성화 후: 자기인식, 직관적, 민감, 예술적, 인정 많고, 부드럽고, 낭만적, 사려 깊고, 창조적인 선생님, 예술가
- 예: 모세, 다윗, 각종 중독 환자, 거식증 환자

3) 공포증 옷을 입으면 정신이상이 온다(panic attack)

- 두려움 → 공포 → 숨는다 → 회피 → 환각 → 환청 → 생각 기능 정지 → 마귀 들림 → 정신이상
- 예: 거라사의 미친 자, 공포증 환자

생각이 점점 어두움으로 나아가는 순서는 개인마다 뒤바뀔 수도, 뛰어넘을 수도 있으나 공통점은 붙들린 작은 생각에서 시작하여 점점 부정적으로 빠져들어가 파멸에 이른다는 것입니다. 땅에서 묶이면 하늘에서도 묶이고 땅에서 풀면 하늘에서도 풀리는 것은 하나님이 정해 놓으신 인간의 지 · 정 · 의 마음이 움직이는 법칙입니다. 두려움의 생각에 일단 마음을 주면 결국 마음이 소진해 탈진에 이릅니다. 일단 '만약에?'라는 두려움의 생각이 굴러가면 점점 빠져나오기가 힘듭니다. 계속 문제에 부딪치며 길이 막힐수록 두려움만 바라보고 파멸의 길을 갔던 사울 왕의 예를 보겠습니다.

"무명인에서 왕이 되어 불안한 사울에게는 왕 자리가 생명이다. 자리 보존을 위해서라면 왕의 체면이고 뭐고 무슨 일이라도 한다. 든든한 왕이 되려면 전쟁에서 이겨야 한다. 제사를 드려야 이길 수 있다는 생각에 조급해진 사울은 사무엘을 기다리지 않고 자신이 직접 제사를 드린다. '순종이 제사보다 낫다'는 하

나님께는 관심없고 하나님의 선물에만 눈독을 들여 권력광이 된 사울을 보며 사무엘은 슬퍼서 가 버린다. 그 후 경쟁자로 생각되는 다윗을 죽이려는 사울의 추적은 광기에 가깝다. 사울은 하나님의 능력도 체험하고 왕까지 되는 은혜의 기회를 입었건만, 그 잘난 왕의 자리를 잃을까 두려워 자신의 복을 화로 바꾸는 데 천재적 소질을 발휘했다. 자기에게 임한 하나님의 사랑을 빗겨간 비극의 인물이다. 백성을 위하는 다윗을 대적하고 자신의 두려움만 따르다 결국 백성을 진실로 사랑하는 다윗의 진면목을 드높여 준 셈이 되어 그토록 움켜쥐고자 했던 백성의 사랑과 왕위를 몽땅 다윗에게 바치는 꼴이 된다. 왕의 자리를 굳건히 지키려고 하나님도 이용하며 혼신을 다해 몸부림쳤건만 결국 전쟁에서 아들들부터 잃고, 자신도 부상을 입어 스스로 목숨을 끊게 된다."

구원은 받았으나 불행하게도 구원 안에 숨겨진 풍성한 맛을 모르고 여전히 각종 두려움에게 내몰려 곤고한 또 다른 사울들, 이름뿐인 신자들이 교회 안에 넘쳐나는 것이 참으로 안타깝습니다. 하지만 불신자와 다름없는 자신의 처절한 상태가 적나라하게 눈에 들어오는 것이 내면치유의 시작입니다. 영혼이 완전히 탈진해 파산한 상태에서라도 주님을 바라볼 때 주님이 만져 주시면 두려움이 멈출 수 있습니다.

하나님의 사랑은 변함없는 온전한 사랑입니다. 내가 바라는 소원, 욕망보다 더 상상을 초월해 크게 복을 누리길 바라시는 사랑입니다. 그와는 반대로, 다만 잃을까 두려워하는 마음이 가로막아 이미 주신 복들도 누리지 못하는 못난 것이 인생입니다. 자녀는 좋으신 아버지가 책임지십니다. 자신의 독생자를 아끼지 않고 주신 이가 무언들 아끼고 주시지 않겠습니까? 아침 해가 뜨면 어두운 밤은 물러갑니다. 자녀에게 베푸신 복을 영광으로 취하여 담대히 누리는 것이 인생을 선물로 주신 하나님의 마음을 기쁘시게 해드리는 길입니다.

"KNOW GOD NO FEAR, KNOW FEAR NO GOD"(하나님을 알면 두려움이 없고, 두려움을 알면 하나님이 없습니다).

주인 바꾸기 성품훈련

Self-Help

1. 당신은 어느 유형에 가깝습니까?

2. 숨고 있는 부분들을 구체적인 사건 속에서 찾아내 보고 근본 문제가 교만에서 비롯된 반항인지, 생존의 안전, 비교심리, 거절감에 대한 사랑 결핍의 목마름인지 자신의 두려움을 분석해 보십시오.

3. 어떤 두려움의 결과로 스스로 문제를 키웠습니까? 성령께서 나의 오해로 일을 키운 것을 알게 해 주실 때 겸손히 일일이 찾아 회개한 후에 오해한 것들을 하나하나 감사의 눈으로 바꿔 적어 보십시오.

성품훈련 암송성구

"하나님이 우리에게 주신 것은 두려워하는 마음이 아니요 오직 능력과 사랑과 절제하는 마음이니"(딤후 1:7).

"사랑 안에 두려움이 없고 온전한 사랑이 두려움을 내쫓나니 두려움에는 형벌이 있음이라 두려워하는 자는 사랑 안에서 온전히 이루지 못하였느니라" (요일 4:18).

사랑의 주님!

제게 생명을 불어넣으시고 함께하심을 감사합니다.

제게 함께할 가족을 주심도 감사합니다.

제게 사랑하고 나눌 이웃들을 주심도 감사합니다.

제게 할 일을 주신 것도 감사합니다.

주님을 앎이 제겐 가장 귀한 복입니다.

주님을 앎이 제겐 가장 큰 사랑입니다.

주님을 앎이 저의 당당한 힘입니다.

주님의 신묘막측한 지혜에 놀라며 사랑합니다.

주님의 끊임없는 관심과 사랑에 감격합니다.

주님의 임재하심을 사랑하며 누립니다.

주님의 사랑의 마음으로 모두를 축복합니다.

쓴 뿌리의 열매:
분노는 관계 성장의 디딤돌

"자기의 마음을 제어하지 아니하는 자는 성읍이 무너지고 성벽이 없는 것과 같으니라" | 잠 25:28 |

인간은 매사에 걸쳐 습관을 만들고 편해진 습관을 따라서 행동합니다. 생각도 마찬가지입니다. 생각은 크게 긍정적인 생각과 부정적인 생각으로 나뉘는데 좋든 나쁘든 습관적으로 붙잡은 것이 점차 성격으로 자리잡게 됩니다. 긍정적인 생각의 흐름은 우리를 세워 주시는 하나님으로부터 옵니다. 긍정적으로 생각할 때, 먼지만도 못한 나를 전능자 하나님의 자녀로 삼아 주신 영광에 감격합니다. 겸손히 자신을 알고 하나님께만 영광 돌리려는 삶의 푯대를 향해 똑바로 나아갑니다. 모든 일 속에서 주님의 뜻을 찾으며 이에 자신의 생각을 맞추어 갑니다.

반면 부정적인 생각의 흐름은 파괴자 마귀에게서 옵니다. 그럴듯해 보이지만 먼저 자신이 망가지고, 점차 가정, 교회, 모든 인간 관계를 파괴합니다. 애석하게도 어리석은 우리는 무엇이 삶을 세워 주고 파괴하는지 잘 분별하지 못합니다. 의식구조 속에 나쁜 습관으로 박혀 부정적이고 파괴적인 생각이 떠오르는 대로 삽니다.

인간은 일을 성취하고 만족하고 싶어 합니다. 이 만족감은 자신이 하는 일이 자기 뜻대로 되어 인정받으며 귀히 여김받았다는 생각이 들 때 느낍니다. 우리는 세상 만사가 내 뜻대로 되지 않으면 거절당한 배반감에 상처를 받습니다. 하나님이 될 수 없는 피조물이 마치 자신이 선악의 기준이듯 하나님 행세를 하는 마귀 스타일의 사고방식이 바로 선악과를 따는 사고방식입니다. 그 대표적인 마귀적 사고(Satanic Reasoning / lie-base thinking)가 자신의 모든 행동의 이유는 "다 네 탓이야"라며 권리만 챙기고 책임은 지지 않고 빠져 나가겠다는 책임회피, 책임전가, 즉 상호의존적 사고방식입니다. 하나님께서 "네가 선악과를 먹었느냐?"물으셨을 때, "하나님이 주신 저 여자가 줘서" 먹었노라고 여자와 하나님께 일단 책임전가하고 나자 아담은 자신을 누르던 죄책감에서는 벗어났습니다. '내가 무슨 잘못이 있어? 왜 하나님은 아무 죄도 없는 내게 저런 여자를 주어 저 여자의 죄 짐까지 안기는 거야? 아니, 그 선악과는 왜 만드셔서 저 여자가 따 먹게 하셨냐고? 그래 맞아. 난 죄가 없어. 다 저 여자 때문이야. 저 여자를 준 하나님 책임이지' 하고 자기합리화를 했습니다. 그렇게 책임회피하고 책임전가하고는 자기 중심으로 세상을 돌리는 거절감으로 자신을 몰고 가니, 합리화된 거절감은 이제 분노로 그를 몰아갑니다. 이 패턴이 사탄적인 합리화의 거짓말 패턴임을 주의 깊게 봐야 합니다. 바로 마귀적 합리화 곧 자기중심적 합리화 사고방식입니다.

능동적 기질의 사람은 가인과 같이 자기 의를 앞세워 나쁜 감정인 시기심이 부추기는 대로 사납게 자신을 몰아갑니다. 본인 자신이 행하는 악은 분노에 가리워져 전혀 느끼지 못합니다. 다만 비위가 거슬려 억울한 감정에게만 충실해 울화가 치밉니다. 섭섭한 마음이 불타는 질투로, 노도같이 밀려드는 분에 사로잡혀 다른 좋은 생각들이 들어올 틈이라곤 없습니다. 더 심한 악으로 곤두박질치는 가인의 마음을 막고자 계속 하나님이 타이르시지만, '날 무시해도 분수가 있지. 이럴 수가 있나? 나는 덜 중요한 사람이란 말이지?' 등 꼬리를 무는 분하고 억울한 생각에만 깊이 빠집니다. 하나님에 대한 극도의 반항감에서 기인한 분노는 건전한 생각을 마비시킵니다.

가인은 친동생인 아벨을 자신의 몫을 가로챈 라이벌로 착각하여 심지어 살인까지 저질렀습니다. 부정적 생각의 특징은 다른 좋은 의견을 암세포로 변질시키는 것입니다. 비뚤어진 분노로 동생의 생명을 빼앗을 때, 실은 하나님을 닮은 성품인 자신의 영혼을 죽인 것입니다. 우리 모두는 자기 합리화의 중병에 걸려 있습니다. 가인처럼 살인한 것도 다 하나님 탓, 아벨 탓이고 자신은 오히려 거절당한 피해자라며 억울하다고 우깁니다. 자신만 소중한 독불장군의 삶은 생지옥입니다.

닫힌 마음은 조금이라도 잘못 건드리면 울화로 폭발합니다. 자연히 비판적, 냉소적, 고집불통으로 어디서나 잘난 목을 세우려 듭니다. 스스로는 잘난 왕이나 실상은 주위를 괴롭히는 폭군입니다. 자연히 모든 사람이 그를 멀리하므로 자신의 혈기, 육체로 심은 것을 외로움이라는 열매로 거둡니다. 서로 오순도순 정답게 살아가는 인생의 행복에서 떨어져 나간, 분노와 고독으로 가득한 괴롭고 불쌍한 삶입니다. 결혼 전엔 부모 탓하고, 결혼 후엔 남편 탓합니다. 우리에게 있는 고질적인 병인 원망하는 버릇이 바로 우리에게 뿌리박힌, 스스로를 분노의 지옥으로 이끄는 하나님께 반항하는 죄성입니다.

그러나 수동적 기질의 사람은 분노하는 부정적 생각의 화살을 자신에게로 돌립니다. 사랑 결핍으로 거절감이 엄습해 올 때

낙담, 자기연민, 자기증오에 빠져 의욕을 상실합니다. 염세적이 되고 정서적으로 불안해 합니다. 매사에 자신이 없으므로 쉽게 포기하고 좌절합니다. 마음 문을 닫고 대인기피 증세를 보입니다. 스스로 갇힌 두려움의 새장 속에서 외로움에 몸부림칩니다. 우울증이 극도로 심해지면 자살을 택하기도 합니다.

우리 모두 어린 시절 언젠가 받은 그 처음 상처로 인해 형성된 잘못된 반응이 쓴 뿌리가 되어 모난 성격으로 자리잡고 있습니다. 거절당한 쓴 뿌리의 상처가 계속해서 인생 전체에 엄청난 부정적 영향을 끼치고 있습니다. 부정적인 생각은 자신을 먼저 불행하게 제한합니다. 본의가 아니더라도 주위 사람도 같은 지옥으로 끌고 들어갑니다. 비극적이고 한 많은 삶의 사이클을 돌고 돌게 합니다. 사이클은 일단 구르기 시작하면 스스로는 아무도 빠져나오지 못합니다. 부정적 생각의 사이클은 한번 물리면 홀린 듯 사로잡혀 긍정적 생각으로 바꾸어 보려고 안간힘을 써도 나오기 힘듭니다. 그만큼 죄의 죽이는 힘은 워낙 큽니다.

타인을 향한 비판의 화살이 쓴 마음으로 변해, 결국 모든 것을 하나님 탓으로 원망합니다. "하나님은 공평치 않아", "왜 하나님은 내 편을 들어 주시지 않고 잠잠하실까?", "내가 이토록 어려운데 하나님은 어디 숨어 계신 거야", "과연 하나님은 나를 사랑하시나?", "정말 하나님은 계시는가?"라며 하나님께 반항합니다. 하나님의 모든 성품을 의심하도록 부추기는 마귀의 유혹에 귀 기울이고 "맞아, 정말이야" 하며 맞장구치며 반항적 생각의 줄기를 굳게 잡습니다. 결과는 스스로 밧줄을 목에 매는 자살 행위 같아서 의심과 불만으로 자신을 파멸의 구렁텅이로 밀어 넣습니다. 어느 쪽 생각의 줄을 잡는가에 따라 생사가 결정됩니다. 지금 당신은 과연 어느 쪽을 잡고 있는지 자신을 돌아보기 바랍니다. 주께서 경고하십니다. 쓴 뿌리 제거는 그리스도인의 필수 과제입니다.

"너희는 하나님의 은혜에 이르지 못하는 자가 없도록 하고 또 쓴 뿌리가 나서 괴롭게 하여 많은 사람이 이로 말미암아 더럽게 되지 않게 하며"(히 12:15).

믿는 사람들의 삶 가운데 늘 우선으로 점검해야 할 것은 마음이 머무는 곳입니다. 내 모든 행동을 움직이는 동기가 하나님의 은혜에 두고 있는지 행동의 동기를 정신 바짝 차리고 살펴보라는 경고입니다. 생각의 뿌리가 은혜 가운데서 나오지 않는다면 자연히 생각은 자기중심으로 자신의 유익을 계산하는 잣대로 움직이게 됩니다. 자기에게 해가 된다는 생각이 들면 감정은 상처받고 무시받은 듯, 거절당한 듯, 사랑받지 못한 듯, 이용당한 듯, 부당히 취급받은 듯하여 억울하고 분하게 되어 쓴 마음을 갖고, 비슷한 상황이 되풀이되면 쓴 뿌리로 점점 깊이 들어가며 괴로워 몸부림치게 됩니다.

죄는 독한 전염병 같습니다. 괴로워 몸부림치면 혼자 분하고 괴로운 것에 그치지 않고 자신의 억울함을 증명해 내려고 주위 사람들에게 자신의 억울함을 호소하게 됩니다. 성경 말씀은 먼저 쓴 뿌리가 나서 자신을 괴롭게 하고, 많은 사람이 이로 말미암아 더러움을 입으니 이를 두려워하라고 경고합니다. 본인은 자신의 억울함을 증명하기 위해 호소하는 것이라지만 이로 인한 쓴 뿌리에서 나온 악의에 찬 말들을 쏟아내 만나는 이마다 함께 더러운 편견에 빠져 당을 지으니 평화가 깨집니다. 적개심이 팽배하여 마귀가 춤을 추게 되니 이를 두려워하라고 경고합니다. 행동의 근거가 은혜에서 나온 것인지, 자존심이 상한 것에서 나온 세상적인 것인지 살펴, 쓴 뿌리로 괴로워 원치 않는 더욱 깊은 죄를 짓지 않도록 어디에서 쓴 뿌리가 생겼는지 제거하고 은혜 아래 거하라는 것입니다.

히브리서 저자는 자신의 아픔만을 확대경으로 확대하여 상처를 부둥켜안고 모두를 죽이는 더러움을 입을까 두려워하라고 경고합니다. 쓴 뿌리를 안고 속지 말고 어디에서부터 은혜에서 떨어졌는지 주님과의 사랑을 점검하고 믿음 위에 자신의 마음을 올려놓고 잘 지켜 내라는 것입니다. 괴로워서 몸부림치고 원망하며 더 큰 죄를 만들어 내는 죄악 공장인 쓴 뿌리를 뽑아 주시려고 하나님께서 깊은 사랑의 수술 칼을 대시면 아프더라도 참고 완전히 치료되길 기대하십시오. 자신을 믿음으로 은혜 안에 밀어 넣는 것이 주님의 맛이 배어나는 하늘에 속한 성숙한 사람의 살길입니다.

쓴 뿌리는 잡고 괴로워할수록 행악에 치우칠 뿐입니다. 쓴 뿌리가 우리를 고소하고 의심을 불러일으키는 마귀의 애용 무기라는 것이 이해가 갑니다. 쓴 뿌리는 하나님의 사랑을 의심하는 하나님의 주권에 대한 불신임 투표입니다. 우리를 향하신 하나님의 궁극적 뜻은 사랑이라는 사실을 믿는 사고전환이 은혜에 거하는 열쇠입니다. 확실히 우리 삶의 주인이 예수님으로 바뀌어야 쓴 뿌리에서 자유하여 마음에 평안이 임합니다. 주님에게서 흘러나오는 긍휼의 마음으로 많은 사람들을 만져주는 것이야말로 우리가 치유의 통로로 쓰임받는 길입니다.

주인 바꾸기 성품훈련

Self-Help

1. 내게 숨어 있는 분노의 뿌리는 무엇입니까? 거절감, 수치감, 사랑결핍, 인정받지 못함, 무시받음, 열등감, 두려움? 누구의 탓이라고 왜 분노합니까? 나의 모든 분노 목록을 상세히 적어 보십시오.

2. 나는 가해자인가, 피해자인가? 자신이 피해받았다는 사실과 자신이 가해자인 부분을 성령께서 알려 주시길 간절히 기도하며 자신의 불만, 원망, 분노, 우울증세의 원인이라고 여겨지는 것을 찾아 구체적으로 적어 보십시오.

3. 하나님 앞에서 진솔히 남의 탓으로 합리화한 자기 책임인 부분들을 적어 보고 일일이 회개하십시오.

4. 가해한 이들 입장에서 이해해 보며 그를 주님의 마음으로 품고 축복해 주십시오.

성품훈련 암송성구

"죄가 문에 엎드려 있느니라 죄가 너를 원하나 너는 죄를 다스릴지니라"(창 4:7).

✻ 분노 치유법 : 상한 마음 / 상한 기억력 치유 ✻

1단계 **준비과정**

성령의 절대적 인도를 간구하며 예수님을 아픈 현장에 모신다. 화난 감정을 진정시키고 마음이 잠잠해진 후 일일이 생각나게 해 주시는 아픈 모습을 인정하고 그대로 하나하나 고쳐 주시길 사모한다.

2단계 **수술과정**

예수님이 그 자리에서 피 묻은 손으로 만져주신다고 생생히 바라보며, 치유해 주시도록 숨김없이, 염치 불구하고 십자가에 올려놓고 주님의 사랑에 흠뻑 젖는다. 형식적인 행사가 아니라 나를 만드신 창조주 하나님의 사랑을 가슴을 활짝 열고 받아들이며 관계 회복에 들어가는 것이다.

3단계 **마무리과정**

마음이 녹아져 정상적 사고 능력이 돌아오면 성령께서 자신이 회개할 부분, 이해, 용서, 화해할 부분이 조목조목 생각나게 해 주신다. 성령의 처방대로 기쁨으로 순종하여 속죄제, 속건제, 화목제, 번제를 드린다.

4단계 **회복과정**

정결해진 심령을 주님의 십자가 사랑에 대한 감사로 채워야 한다. 주님의 생각, 주님의 감정, 주님의 결단이 나를 온전히 지배하도록 삶 속에서 연습한다. 온전히 용서받은 감격으로 주님의 심정이 내 것이 되도록 주님의 임재를 생활화하는 훈련으로 쉽게 변질하는 마음을 지킨다.

쓴 뿌리의 치유: 네가 낫고자 하느냐?

38년간 고질병으로 누워 고생하던 병자에게 예수님은 "네가 낫고자 하느냐?"고 물으셨습니다. 마치 아픈 사람을 놀리는 기분이 듭니다. 그러나 너무 오랫동안 아프다 보면 아픈 상태에 적응해, 아예 아픈 병자인 상태가 자기 자리인 것으로 여기고 자포자기하게 됩니다. 살았으나 죽은 목숨과 다름없는 저를 예수님이 보시고 "너는 지금 신세타령에 땅만 쳐다보고 있지. 병이 나아야지" 하고 나으려는 의지를 상기시키신 것입니다(요 5:1-15).

젊은 나이에 명퇴하고 쥐꼬리만한 퇴직금을 받았습니다. 적은 돈을 야금야금 까먹으며 실패가 두려워 사업을 시작하지 못합니다. 별다른 재주도 없고 자존심이 허락치 않아 육체노동은 안중에 없고 온종일 틀어박혀 TV나 인터넷에 매달립니다. 만만한 상대는 가족뿐, 눈에 거슬리는 대로 퍼붓는 잔소리, 게다가 권위의식은 높아 조금이라도 비위에 거슬리면 상을 뒤엎고 난동을 부립니다. 매사에 억지를 부리는 통에 주위 사람들이 죽을 맛입니다. 아무리 가면을 쓰려 해도 진실은 드러납니다. 38년 된 병자가 병이 낫기를 절실히 원했던 것 이상으로, 매사에 자신 없는 열등감과 두려움을 가리고자 사납게 휘두르는 자기의라는 고질병에서 풀려나야겠다는 절박한 의지가 그 사람에게 생겨야 합니다.

삶의 갈등이나 마음의 상처는 누구에게나 당연히 있습니다. 우리네 인생은 오직 한 번입니다. 고침받아야 할 문제를 인정하고 낫고자 하는 의지가 얼마나 강한가가 치유의 첫 단계입니다. 하나님은 스스로 제 목을 조이고 자해하며 고통 속에 속고 있는 우리가 삶을 풍성히 누리길 소원하십니다. 인간의 가장 큰 적은 솔직한 자신의 문제를 직시하기 무서워 거부하는 자기 자신입니다. 인생은 고뇌라며 자포자기하거나 모양을 달리해 자기학대, 자기연민, 혹은 말초신경을 즐겁게 하는 일시적 쾌락으로 도피하여 고통스러워 하면서도 근본 문제를 해결하지 않은 채 신세타령에 그칩니다. 이것이 하나님 두기를 싫어하는 우리의 솔직한 모습입니다. 하지만 "물가로 나오라"는 부르심에 응하여, 고통에서 풀림받기를 소원하고 하나님 앞에 있는 모습 그대로 낫고자 나와야 삽니다.

바라보는 대상을 바꾸면 인생이 바뀝니다. 내가 무엇을 바라보느냐에 따라 인생이 결정됩니다. 문제만을 바라보면 그 문제에 삼킴을 당합니다. 대부분 아기들은 부모의 사랑 넘치는 환영 가운데 태어납니다. 하지만 야베스의 어미는 그 고통이 얼마나 컸든지 자기 아들의 이름을 '고통'이라고 부를 정도였습니다. 그는 태어나면서부터 사랑받지 못했습니다. 사랑 없는 가운데 사는 것이 이름만큼 고통이었습니다. 야베스는 주위를 아무리 둘러봐도 손 내밀 곳이 없었습니다. 지지리도 복이 없다고 생각했습니다. 숨통이 조여 오는 좁은 감옥에 갇힌 듯한 환경이 너무 싫었습니다. 사람들이 잡으려고 빗자루를 이리저리 후려쳐도 살 구멍만 찾으면 쥐는 살 수 있습니다.

야베스는 절망의 바닥을 응시하는 눈을 들어 자기 민족의 구원자 이스라엘의 하나님을 바라보았습니다. "오직 도움은 천지를 지으신 여호와, 절대 구원자 되시는 여호와 이스라엘의 하나님에게서 온다!" 그는 머리 어느 구석에 쳐박혀 있던 작은 믿음의 한 자락을 상기했습니다. 조상들을 모든 고통에서 구원해 주셨던 일들을 깊이 생각하며 이스라엘의 하나님을 바라보았습니다.

주님을 바라보며 지경을 넓혀 주시길 구했습니다. 그분을 바라보면서 소원했습니다. 복에 복을 더해 주시라고 입으로 자신의 상황을 바꾸기를 시인하고 복을 향해 나아갔습니다. 주님께서 손잡아 주시기만 하면 살아날 수 있을 것 같았습니다. 주님이 손을 꼭 잡고 일으켜 주시는 생각을 죽기살기로 붙들었습니다. 벌 떼같이 달려들어 심정을 뒤흔드는 모든 번민의 소리들을 거절했습니다. 오직 주만 똑바로 쳐다보며 폭풍우 환난 속을 죽으면 죽으리라는 심정으로 돌파해 주님의 품에 자신을 맡겼습니다. 그리고 절박하게 부르짖었습니다.

"복에 복을 더해 주세요. 지경을 넓혀 주세요. 주님, 손 잡아 주세요. 손을 꼭 잡아 도와주세요. 환난에서 벗어나게 해 주세요. 근심에서 자유롭게 해 주세요."

하나님은 자신을 목말라 찾고 의지하는 양(羊)을 책임져 주셨습니다. 야베스는 고통에서 구원받고 고통 가운데 홀로 싸우는 이들을 돕는 진실한 친구가 되다 보니 모두에게 사랑받는 자가 되었습니다. 주님의 말씀대로 나누고 돌보고 주님과 동행하니 어느 형제보다도 존귀한 자가 되었습니다(대상 4:9-10).

어느 누구에게나 인생은 쉽지 않습니다. 다 나름대로의 어려움들이 산같이 있습니다. 그러나 자신만 살자고 제 손으로 행복을 챙기려 드는 것은 언제나 임시변통일 뿐입니다. 야베스와 같이 하나님을 왕으로 모시고 주인을 바꿔 그분의 다스림 가운데 자신을 맡기며 그분을 바라보면 "구하는 이마다 받을 것이요 찾는 이는 찾아낼 것이요 두드리는 이에게는 열릴 것이니라"(눅 11:10)는 말씀의 약속대로 그가 받은 모든 축복이 나의 것이 될 것입니다. 바라보는 대상대로 인생이 닮아 갑니다. 주님을 바라보며 구원받은 하나님의 자녀답게 선택하면 내 성품의 지경이 그분을 닮아 가서 주 앞에 존귀한 자가 될 것입니다. 전심으로 주를 바라며 시선을 문제에서 내려놓으면, 하늘에서도 풀려 치유받습니다. 간절히 성령께 의탁하며 생각나게 해 주시는, 운명으로 돌리고 묶여 있던, 예수님이 왕이 되지 못하셨던 모든 정과 욕심의 죄의 부분들(죄의식을 포함하여)을 하나하나 고백하십시오. 이것들을 십자가 위에 못 박고, 돌이켜 온전히 보혈의 피로 깨끗함을 입으십시오. 스스로 자포자기 가운데 묶이면 해결이 나지 않습니다. 약속의 말씀대로 순종하여, 자기의 뿌리 깊은 아픔들, 쓴 뿌리들을 솔직히 들고 나오십시오. 여호와 라파! 여호와 닛시! 치유의 하나님! 승리의 하나님! 함께하시는 임마누엘의 하나님을 찬양합니다.

자아가 죽을 때 나타나는 십자가의 능력

"그가 찔림은 우리의 허물 때문이요 그가 상함은 우리의 죄악 때문이라 그가 징계를 받으므로 우리는 평화를 누리고 그가 채찍에 맞으므로 우리는 나음을 받았도다 우리는 다 양 같아서 그릇 행하여 각기 제 길로 갔거늘 여호와께서는 우리 모두의 죄악을 그에게 담당시키셨도다"(사 53:5,6).

자유분방하고 제멋대로였던 말괄량이인 제가 목사 사모로 묶여, 혼자서는 결코 감당할 수 없던 사망의 음침한 골짜기를 참 많이도 지났습니다. 제가 보기에 이민 교회는 메마르고 사랑 없는 살벌한 지옥이었습니다. 그때 받은 상처가 쓴 뿌리로 자리잡았고, 하나님이 날 사랑한다는 믿음을 송두리째 뒤흔드는 일들을 수없이 만났습니다. 깊은 좌절과 절망으로 해 뜨는 것이 무서웠고, 고통 가운데 허구한 날들을 눈물로 지새웠습니다. 물론 제 자신이 미숙하여 문제를 자초한 면도 있었지만, 만나는 문제들을 제대로 감당하지 못한 탓이 컸습니다.

30대 시절, 교회를 개척하던 때였습니다. 교인들 대부분은 초신자들로 겨우 교회에 발을 붙인 불신자와 같은 이들이었습니다. 매일 죄를 먹고 마시는 것이 일과인 저들 속에서 빛과 소금이 되는 예수님의 대사로 살아가자니, 조금이라도 자아가 목소리를 냈다가는 죄인도 그런 죄인이 없을 판이었습니다. 그래서 울며 겨자 먹기로 온갖 몸부림치며 십자가에 자아를 못 박는 과정을 통과해야 했습니다. 괴롭히는 교인들, 엇나가는 상황이 너무나 벅차 눈물이 마를 새가 없었습니다.

하루종일 큰 전쟁을 치르고 난 저는 매일 밤 이리저리 찢겨 터진 상처들을 주님 앞에 들고 가 그저 두 다리 뻗고 "예수님! 나 너무 힘들어요. 너무 아파요. 만져주세요. 고쳐 주세요" 하며 엎드러졌습니다. 그러면 예수님이 피 묻은 손으로 저를 만져 주시는 듯했습니다. 지난 하루를 생생하게 그려 보는 가운데 아픈 마음과 몸 구석구석을 주님의 보혈이 흘러내려 가며 씻어 주시는 세혈식이 하루의 중요한 일과가 되었습니다. 그렇게 3년 동안 매일 똑같은 과정이 반복되는 가운데 신기하고 놀라운 변화가 제 속에 서서히 일어났습니다.

기억력이 좋았던 저는 억울하고 괴로웠던 사건들이 머릿속에서 떠나질 않아 심장이 터질 듯이 답답한 나날을 보냈습니다. 그런데 어느 순간부터인가, 눈만 감으면 미친 듯 달려드는 분한 일들이 잘 기억나지 않으면서 그토록 괴롭던 느낌이 점차 사라졌습니다. 아픔이 사라지니 분노와 적개심도 자연히 물거품처럼 하나씩 녹아 내렸습니다. 밤이면 힘들다가도 아침이면 언제

아팠나 싶을 정도로 고통이 깨끗이 사라졌습니다. 저도 모르는 새, 상한 마음의 쓴 뿌리가 뽑히는 완전 치유를 경험한 것입니다. 닫힌 마음도 점점 열렸습니다. 선한 마음이 중심에 자리잡으니 누가 내 진심을 알아주지 않는다 해도 흔들리지 않고 정신을 똑바로 차릴 수 있었습니다. 저들을 예수님께 인도하려는 열정이 화난 감정을 대신하여 제자리를 찾았습니다. 저들의 악함은 여전해도 제가 저들을 이해하고 인내하는 것이 쉬워졌습니다.

왼뺨을 때릴 때 오른뺨을 내놓는다는 것은 부패한 죄성이 속에서 살아 있는 한 불가능함을 뼈저리게 느꼈습니다. 못난 자아가 슬며시 나오면 전심으로 존재 전부를 십자가 밑에 내려놓고 간절히 기도했습니다. "주님! 더 이상 아픈 것은 싫어요. 당신의 귀하신 피로 이 제멋대로 날뛰는 생각들을 잡아 주세요. 성령의 불로 태워 주세요."

예전에 저에게는 1+1=2라는 수학 공식처럼 모든 것이 언제나 딱 떨어져야 했습니다. 칼같이 예민하고 자의식이 강하여 마치 상처받기로 작정이라도 한 듯한 저였는데, 예수님의 피로 전부 깨끗이 씻김받은 다음날이면 영락없이 아팠던 어제 일이 잊혀져 마음이 평안해졌습니다. 사랑은 다른 이의 허물을 되뇌며 들추어내지 않고, 덮어 주고 잊어 주는 것임을 깨달았습니다. "만일 우리가 우리 죄를 자백하면 그는 미쁘시고 의로우사 우리 죄를 사하시며 우리를 모든 불의에서 깨끗하게 하실 것이요"(요일 1:9). 나의 죄를 인정하고 용서를 구할 때 하나님은 컴퓨터에 입력된 자료를 지우듯 아예 기록에서 나의 죄목을 말살해 버리십니다.

용서는 대적하는 기억을 마음에서 지워 버리는 것을 의미합니다. 떨쳐 버리려 해도 나쁜 기억들은 더욱 생생히 떠오릅니다. 되씹는 기억 속의 상처가 더 무섭습니다. 주님 말씀대로 용서하노라고 선포하며, 비통한 마음을 잊게 해 달라고 얼마나 매달렸는지 모릅니다. 처음에는 가증스런 입술의 용서였지만, 시간이 흐름에 따라 입술의 고백이 사실로 바뀌었습니다. 결과적으로, 아무리 제게 못 할 짓을 한 사람도 기쁜 마음으로 반갑게 맞아 주며 손을 잡아 줄 수 있기까지 발전하게 되었습니다. 정당방위의 이름으로 맞서는 혈기와 정과 욕심을 못 박아 옛 사람을 벗어 버리고, 주님의 성품과 새 사람을 덧입는 훈련을 톡톡히 받았습니다. 고난을 통해 참으로 주의 율례를 배우게 된 것입니다(시 119:71).

사람을 변화시키는 십자가의 능력이 제 것이 되었습니다. 고난이 저를 다루는 훈련 도구가 된 것입니다. 십자가 피의 능력에 숨은 비밀이 제 피가 되고 살이 되어, 자아를 죽음에 넘기는 값을 치러냈습니다. 물론 지금도 시시때때로 예고 없이 닥치는 시련 속에 수없이 상처를 받습니다. 그러나 그때 확실히 배운 십자가 보혈의 능력으로 제 육신에서 올라오는 모든 생각들, 상한 마음, 하나님께 대드는 거센 의지를 씻어 주는 믿음의 비밀을 열심히 연습합니다. 예수님의 정결한 피가 뿌리까지 썩은 심령을 깨끗이 정화시켜 주지 않는다면 하루라도 살아남을 수 없는 나약한 자신을 오늘도 주님께 의탁합니다.

훈련은 언제나 힘이 듭니다. 자질구레한 감정 문제에서 자유케 되니 이제는 무시당하는 십자가의 훈련을 톡톡히 시키셨습니다. 여자라서, 목사 사모라서 제외당하고, 소수 민족이라 차별당하고, 열심이면 잘난 체한다 수군거리고, 도와주려면 텃세에 밀렸습니다.

사역하다 탈진하는 바람에 주님을 나의 왕으로 모셨더니 보는 눈이 변했습니다. 주님의 눈으로 바라보니 저와 같이 곤고한 영혼을 찾으시는 주님의 애타는 심정이 절로 제 안에 가득히 흘러 들어왔습니다. 고난당함이 오히려 힘이 되어 든든한 주님의 사람을 세우는 사명자로 헌신하게 되었습니다. 이는 그야말로 하나님의 변화시키시는 놀라운 솜씨입니다.

많은 사람이 자신을 신자라고 여기지만 매일의 생활 속에서 기쁨으로 십자가를 달게 지며 주님과의 깊은 사랑의 교제를 누리는 주님 마음에 합한 이는 매우 적습니다. 인생이 고달프십니까? 혼자 짐을 지고 가기에는 너무나 힘듭니까? 오늘 이 순간에도 등 뒤에서 밀어 주시며 모든 눈물을 기쁨으로 바꾸어 주시는 주님이 쉴 만한 물가로 상한 당신을 초대합니다. 사람답게 살기 원하십니까? 그렇다면 오늘 예수님을 나의 왕으로 섬기십시오.

치유 받은 자의 건강한 모습

자신에 대하여

첫째, 올바로 자신을 사랑합니다. 남에게 화살을 돌리기 전에 자신을 돌아보고 회개하며, 자신의 부족한 점을 겸허히 하나님 앞과 사람 앞에 고백하며 자기를 비웁니다. 잘못이 발견되면 무슨 대가라도 달게 치르며 고치도록 애씁니다.

둘째, 책임전가하지 않고 덕스럽게 해결합니다.

셋째, 상처가 응어리지기 전에 주님과 해결합니다.

넷째, 정상적인 긍정적 생각, 좋은 마음, 부드러운 마음, 선한 의지가 지배합니다.

다섯째, 사납고 거친 삭막한 마음이 따뜻하고 온유하며 부드러운 마음으로 변합니다.

여섯째, 말씀을 사모하고 주님과 함께하며 주님을 기쁨으로 따르고 순종합니다.

일곱째, 쉬지 않고 기도하며 주님과 교제를 가지며 사랑을 키웁니다

여덟째, 성령의 열매가 구체적으로 순종하는 삶 가운데 나타납니다(사랑, 희락, 화평, 오래 참음, 자비, 양선, 충성, 온유, 절제).

타인에 대하여

첫째, 정죄의 눈에서 용서하고 이해하는 눈으로 보는 시각이 변합니다.

둘째, 약점이 장점으로 보입니다.

예) 잘난 척한다 → 지도력 있다
말이 많다 → 설득력 있다
나선다 → 해결을 잘한다
꽁생원이다 → 꼼꼼하여 비서 일을 잘한다
고지식하다 → 진실, 충성, 변함없어 믿음직스럽다

셋째, 상대방을 있는 모습 그대로 용납, 사랑, 존경합니다.

넷째, 성령의 열매가 구체적으로 적용할 사랑의 대상으로 보입니다.

주인 바꾸기 성품훈련

Self-Help

1. "네가 낫고자 하느냐?"고 만져주시려 하나님께서 물으십니다. 진솔히 기도하며 답하십시오.

2. 당신은 지금 무엇을 바라보고 계십니까? 문제? 염려? 염려묵상을 내려놓고 문제를 하나님을 만나는 기회로 바라보는 시선정리를 하겠습니다. 좋으신 하나님, 나의 창조자, 구원자, 인도자, 주관자, 생명 되신 하나님, 돌보아 주시는 하나님, 내 중심을 아시는 하나님, 치유의 하나님, 안식처, 살아계시어 함께하시는 임마누엘, 승리자 하나님을 떠올리며 내 삶 가운데 역사하신 그분을 깊이 묵상하며 사랑을 나누십시오.

3. 내 눈의 잣대로 보는 것이 죽음으로 인도하는 선악과 사고입니다. 예수님의 눈으로 보는 생명과 사고로 전환해야 주님의 성품이 내 안에 들어옵니다. 매일 삶 속의 크고 작은 문제들의 시시비비를 가리는 선악과를 영혼을 세워 주는 생명과인 예수님의 눈으로 보는 사고전환을 연습해 보십시오.

성품훈련 암송성구

"그러므로 예수께서 자기를 믿은 유대인들에게 이르시되 너희가 내 말에 거하면 참으로 내 제자가 되고 진리를 알지니 진리가 너희를 자유롭게 하리라"(요 8:31, 32).

"수고하고 무거운 짐 진 자들아 다 내게로 오라 내가 너희를 쉬게 하리라 나는 마음이 온유하고 겸손하니 나의 멍에를 메고 내게 배우라 그리하면 너희 마음이 쉼을 얻으리니 이는 내 멍에는 쉽고 내 짐은 가벼움이라 하시니라"(마 11:28-30).

하나님을 알면 두려움이 없고,

두려움을 알면 하나님이 없습니다.

3부

함께 가자

하나님 음성 듣고 형통하기(처방)

"…나의 사랑, 내 어여쁜 자야 일어나서 함께 가자" | 아 2:10 |

의사소통이란 서로 간에 의사를 나누는 것을 의미합니다. 우리를 그분의 형상으로 지으신 창조주 하나님은 우리 삶 가운데 주님의 성품이 넘쳐 서로 사랑하고 보듬고 살아가는 행복한 모습을 보시며 기쁨을 누리십니다. 우리 안에 주님의 성품으로 넘쳐나는 모습은 하나님의 의중을 알아듣고 주님과 함께 동행할 때 맺어지는 열매입니다.

하나님을 사모하는 사람들의 소원은 하나입니다. 모든 삶의 기쁨과 아픔을 주님과 함께 나누고 우뚝 서는 주님의 기쁨이 되는 것입니다. 교묘한 마귀의 미혹을 확실히 분별해 물리치고, 오직 아버지 하나님의 음성만을 듣고 순종하여 승리를 누리는 것입니다. 무신론자였던 저는 극적으로 하나님을 만나 어리석은 질문을 폭포수처럼 쏟아 내었습니다. 그러나 하나님은 의심 많은 저를 꾸짖지 않으셨습니다. 하나님을 알고파 몸부림치는 중심을 보시고, 어린 수준에 맞추어 친절히 저를 만나 주셨습니다.

제가 그동안 하나님을 경험하며 만난 기초적인 영 분별법이 하나님을 가까이 찾는 이들에게 도움이 되길 간절히 기도합니다. 모든 행동에는 성품이 배어 나옵니다. 행동의 열매를 보면 내 자신이 누구의 음성을 따른 것인지 알 수 있습니다.

음성을 들으면 영적 분별력이 생깁니다

"이는 우리가 이제부터 어린 아이가 되지 아니하여 사람의 속임수와 간사한 유혹에 빠져 온갖 교훈의 풍조에 밀려 요동하지 않게 하려 함이라" | 엡 4:14 |

하나님의 선한 뜻 분별: 하나님은 누구신가(창 1~6:7 참조)

스스로 존재하시는 창조주(I AM THAT I AM) 하나님은 스스로 존재하는 창조주시며, 우리는 그분이 창조하신 피조물입니다. 피조물 입장에서 하나님을 완전히 이해하는 것은 불가능합니다. "보이는 것은 잠깐이요 보이지 않는 것은 영원함이라"(고후 4:18). 성경에서 말씀하시는 사실을 아멘으로 믿고 나아가는 것이 피조물이 마땅히 취해야 할 겸손한 태도입니다. 하나님이 스스로 존재하는 창조주이심을 인정하는 것이 신앙의 출발점입니다.

전지전능자 하나님은 모든 것을 아시며, 하시고자 하는 모든 것을 말씀하시면 현실이 됩니다. 하나님의 말씀은 곧 능력입니다. 말씀으로 인간을 포함한 모든 것을 창조하셨습니다. 하나님은 모든 것을 한눈에 알아보시는 완전한 판단자이시며, 그분의 공의대로 선악을 심판하십니다.

인격적이신 분 모든 것을 창조하신 하나님은 창조물이 그분 뜻대로 완성될 때 기뻐하십니다. 그러나 만물의 영장으로 최대의 특권이 부여된 인간은 하나님께서 주신 자유의지를 잘못 사용했습니다. 그런 인간을 보시고 하나님은 분노하고 슬퍼하십니다. 하나님은 극히 사악해져 그분의 성품을 잃은 인생들을 보며 심히 가슴 아파하십니다(창 6:5,6). 하지만 탕자가 돌아올 때, 기뻐서 맨발로 뛰어나오는 아버지이십니다. 완전한 지 · 정 · 의를 갖고 계신 하나님은 자녀 된 우리가 품어야 할 인격의 완전한 원본이십니다. 자격 없는 우리가 하나님의 마음을 이해하고 자원하여 전심으로 주님을 따르는 자녀가 되길 원하십니다. 그래서 하나님의 성품을 최대로 회복해 그리스도의 장성한 분량에 이르도록 늘 곁에서 인도하십니다.

질서와 조화의 주관자 하나님은 인간만을 하나님 닮은 피조물로 지으셨습니다. 육신을 가진 우리가 잘살 수 있도록 기본적 생존에 필요한 모든 환경을 하나님의 큰 계획 속에서 서로 조화와 균형을 이루도록 창조하셨습니다. 이 세상을 다스리는 중책이 맡겨진 인간들이 하나님의 성품으로 공의의 질서에 따라, 서로 잘 조화를 이루어 사명을 이뤄 가도록 우리의 삶을 주관하십니다.

무소부재로 돌보시는 자 하나님은 육신을 가진 우리와는 다른 스스로 존재하는 영이십니다. 시공을 초월해 계십니다. 동시에 과거, 현재, 미래라는 경계없이 모든 시간, 모든 곳에 우리 모두와 함께하시며 언제 어디서나 우리를 사랑의 손길로 돌보십니다.

사랑의 아버지 하나님께서는 흙에서 빚으신 인간에게 자신의 영을 부어 주셨습니다. 그렇게 하나님의 형상으로 빚어진 우리는 거룩하고 완전하신 하나님과 사귐을 가질 수 있는 존재가 되었습니다. 하나님은 신실하시고 변함없이 모든 희생을 감당하며 끝까지 우리를 사랑하십니다(롬 8:38-39). 그분은 세상을 창조하셨을 뿐 아니라, 함께 의지하고 살아갈 생명 보전의 능력도 우리에게 주셨습니다. 늘 우리 곁에 계시며, 사려 깊게 모든 필요를 공급해 주십니다. 사랑하는 아버지는 자신의 모든 좋은 것을 우리와 함께 공유하길 원하십니다. 우리가 넘어져 주신 은혜를 놓쳐도 끝없이 도움의 손길을 내미십니다. 무한한 인내로 계속 회복의 기회를 주십니다. 죄의 결과인 사망 속에 헤매는 고통을 감당하지 못하는 우리를 긍휼히 여기십니다. 외아들 예수님을 대신 죽게 하실 만큼 엄청난 사랑의 아버지, 십자가의 절대 희생으로 우리를 섬기시는 절대 겸손과 절대 사랑의 아버지가 바로 하나님이십니다.

공의의 하나님 하나님은 거룩하고 완전하신 분이기에 죄를 용납치 않으십니다. 거룩과 공의의 기준으로 선악 간에 판단하고 다스리는 왕이십니다. 하나님의 거룩 앞에서는 모든 것이 훤하게 드러나 감추지 못합니다. 하나님은 모든 창조물의 근원이시고 존재의 목적이시며, 존재하는 능력이시고 길, 진리, 생명이십니다. 우리가 믿음으로 선택하여 그분의 형상으로 회복하기까지 가르치시며, 길이 참으시고 인격체로 존중해 주십니다.

하나님이 사랑하고 늘 나와 함께하신다고 생각하지만 막상 어려운 일이 닥치면 하나님보다 문제만이 크게 보이지는 않습니까? 하나님을 경험한다는 것은 머리로 알고 있는 하나님의 성품을 하나하나 맛보아 그분을 알게 되는 것을 의미합니다. 문제 가운데 함께 해결해 가시는 하나님의 놀라우신 성품을 겪어 보면, 누구든지 그분과 사랑에 빠질 것입니다. 구원은 값없이 얻을 수 있지만 거룩하신 하나님과 관계가 깊어지는 데는 난관이 따릅니다. 마음에서 더러운 죄를 청결케 한 만큼 거룩한 하나님을 보게 될 것입니다(마 5:8). 죄라는 불순물을 제거하는 작업은 참으로 힘듭니다. 더러운 죄성이 성화되는 과정 속에서 성령님은 우리가 하나님의 성품을 맛보고 하나님과 동행할 수 있

하나님을 경험하는 훈련

Self-Help

1. 하나님은 항상 당신 곁에서 인도하시며 일하십니다.
2. 하나님은 당신과 개인적이고 실제적인 끊임없는 사랑의 관계를 추구하십니다.
3. 하나님과 함께 하나님의 일을 하자고 계속 우리를 초청하십니다.
4. 하나님은 성경 말씀, 기도, 환경, 교회(성도의 교제)를 통해 하나님 자신, 하나님의 뜻, 하나님의 방법을 성령의 감동으로 말씀하십니다.
5. 하나님과 더불어 일하자는 하나님의 초청은 믿음의 결단을 요구하는 시험을 거칩니다.
6. 하나님이 하시는 일을 따르려면 하나님 중심으로 삶을 전폭적으로 재조정해야 합니다.
7. 하나님께 순종할 때, 당신을 통해 이루신 하나님의 일을 보며 하나님을 경험하게 되고, 하나님을 알게 됩니다. (헨리 블랙커비 저, 『하나님을 경험하는 삶』 참조)

하나님을 경험하는 말씀

"빛의 열매는 모든 착함과 의로움과 진실함에 있느니라"(엡 5:9).

도록 잡아 주십니다.

마귀의 악한 속임수 분별/ 마귀는 무엇인가?
(창세기 3장, 로마서 전장 및 바울 서신 참조)

"너희는 너희 아비 마귀에게서 났으니 너희 아비의 욕심대로 너희도 행하고자 하느니라 그는 처음부터 살인한 자요 진리가 그 속에 없으므로 진리에 서지 못하고 거짓을 말할 때마다 제 것으로 말하나니 이는 그가 거짓말쟁이요 거짓의 아비가 되었음이라"(요 8:44).

타락한 천사인 피조물 하나님의 능력에 매료되어 하나님이 되려는 탐욕에 눈이 어두워져 하나님을 대적한 타락한 천사입니다. 이 세상을 다스리는 능력과 영광이 인간에게 주어짐을 보고, 마귀는 스스로 타락한 그 경로대로 하나님이 되고픈 교만심을 미끼로 인간을 타락시켰습니다. 마귀는 온갖 미혹으로 하나님의 자녀 된 우리의 권리를 빼앗으려는 강도며 도적입니다(요 10:10). 하나님의 심부름을 할 수 있는 고도의 지능을 받았지만 제한된 피조물로 하나님께 수종드는 영에 불과합니다(겔 28:12-14). 제한된 존재이면서도 무한하신 하나님인 척 연기하는 자입니다. 마귀는 피조물이므로 우리가 무슨 생각을 하는지 알지 못합니다. 제 손 안에 넣으려는 일심으로 태초부터 지금까지 세상을 두루 다니며 인간을 잘 보아 왔기에, 그저 모습만 보고 짐작하는 것뿐입니다. 마귀는 피조물이기에 동시에 여러 곳에 있지 못하나 영인지라 이동을 빨리 하니 동시에 여러 곳에 있는 것 같고, 군대같이 부풀려 보이는 등 착시를 일으키는 것뿐입니다. 마귀는 종이 호랑이이므로 두려워할 필요가 없습니다.

죄의 왕, 강도 마귀는 온 세상을 초토화하려는 악의에 가득찬 존재입니다. 마귀는 무에서 유를 창조하지 못합니다. 하나님을 섬기는 일에 쓰도록 주어진 인간의 능력을 이용해 우리를 속이고 농락합니다. 창조하지는 못하나 이미 창조된 것에서 선한 것을 악한 것으로 물들이는 마귀화를 시도합니다. 변질된 암세포 같은 존재입니다. 어리석은 인간의 죄성을 부추겨서 서로 싸워 완전한 자멸에 이르도록 죄로 인간을 묶고 있는 죄의 왕, 강도입니다.

더러운 기생충 마귀는 스스로 존재하지 못하기 때문에 자신의 뜻을 이루기 위해 매개체를 필요로 하는 기생충입니다. 그래서 하나님과 사귐을 가져야만 존재의 의미가 가능한 의존적 존재인 인간을 거짓말로 꼬드겨 인간의 주인 행세를 하게 되었습니다. 마귀는 혼자 서지 못합니다. 항상 하나님의 말씀을 제 목적에 맞게 변형하여 우리 속에 하나님 성품에 대한 의심을 불러일으킵니다. 하나님을 마음에 모셔 들이지 않으려고 반항하는 교만의 죄를 지을 때, 모든 죄가 이를 통해 들어와 마귀의 활동 무대를 깔아 주는 것입니다. 죄가 무성한 만큼 마귀의 악한 역사도 비례합니다.

마귀의 통로는 우리의 죄성입니다(갈 5:19, 롬 1:24). 지저분한 오물이 있는 곳에 파리가 꼬입니다.

1) 상실한 마음에서 나오는 악한 생각: 교만, 자기 의, 탐욕, 이기주의, 불의, 추악, 호색, 자기 중심적 자의식, 타산적 생각, 자기 영광
2) 상실한 마음에서 나오는 악한 감정: 두려움, 시기, 질투, 미움, 쓴 마음, 분노, 좌절, 자기증오, 공포증, 희망상실, 자기연민
3) 상실한 마음에서 나오는 악한 뜻에서 나오는 행동들: 가득한 악의, 살인, 분쟁, 당 지음, 불신, 비평, 비난, 수군수군하는 자, 자기 자랑, 음행, 원수 맺음, 의심, 용서 못함, 술수, 거짓말, 위선, 투기, 방탕, 우상숭배, 자살

속이는 자 마귀는 탐욕에 눈이 어두워 자신을 속이고 하나님을 대적하여 타락했습니다. 그리고 자신이 타락한 그 수법으로 인간을 속여 마귀화하려는 악한 존재입니다. 굉장한 비밀이 있는 듯 암시하여 호기심, 탐욕, 미래에 대한 막연하고도 불길한 염려, 공포심 등을 일으키고, 온갖 속임수로 우리를 유혹합니다. 환상, 환청, 죽은 자와의 대화, 신접해 점치는 것, 심지어 예수님의 모습으로 가장하여 다가옵니다. 하나님 음성을 들었다, 혹은 기도 응답받았다 좋아하나, 성경도 기도도 싫어지고 하나님과 멀어졌다면 하나님의 음성을 들은 것이 아닙니다.

우상 자기 소원 성취에 목마른 인간의 약점을 마귀는 활용합니다. 마귀는 감각적 쾌락을 좋아하는 육적 본능을 미끼로 유혹해 인간을 감각의 노예로 묶어 놓습니다. 돈, 명예, 성취, 술, 음란, 놀음, 과식, 일중독, 게으름, 비판, 교만 등 모든 중독 증세가 말초신경의 감각을 추구하는 우상숭배입니다. 마귀는 여러 모양으로 우상숭배에 코가 꿰이도록 유혹해 비인간화, 마귀화시켜 인간 이하의 최저 수준으로 타락시키다 결국 자기 파멸로 몰아갑니다.

마귀의 기본 교란 작전

• 불신자에 대해

– 구원에 대한 소식이 필요한 불신자들에게 복음이 전해지지 못하도록 복음 전도자의 발을 묶고, 진리가 진리로 들려지지 않도록 불신자들의 귀에 사사로운 의심을 일으키는 바꾸기 작전을 폅니다.

• 신자에 대해

– 불신자나 다름없는 허울 좋은 기복신자, 율법신자들이 하나님 자녀로서 소속감을 갖지 못하도록 자신이 누구인지, 구원의 확신은 있는지로 교란시키고 신자로서의 정체성을 공격합니다.

– 구원받은 자들에겐 구원의 복을 누리지 못하도록 불신자와 다름없는 삶에 얽매이도록 죄로 유도하여 이중인격 신자화를 꾀합니다.

– 신자의 사명감을 흔들어 놓습니다. 진리를 혼동하도록 교란해 이단에 빠져 열심을 내도록 합니다.

– 마귀의 심리 전술인 두려움, 교만(열등감, 우등감), 절망, 비교의식, 의심과 불신, 거짓말, 미움, 무기력, 불평(원망), 분노, 미룸(책임전가), 불성실, 외식, 탐욕, 구체적인 질병, 우

상승배, 각종 중독(왜곡된 기쁨 – 성, 마약, 인터넷, 성취감, 물질, 자녀, 성공, 일)을 가지고 공격합니다.

승리가 보장된 영적 전쟁

"내가 천국 열쇠를 네게 주리니 네가 땅에서 무엇이든지 매면 하늘에서도 매일 것이요 네가 땅에서 무엇이든지 풀면 하늘에서도 풀리리라"(마 16:19).

우리의 마음은 영적 전쟁터입니다. 인간의 마음을 다스리려는 하나님과 마귀의 영토 싸움은 예수님의 마지막 때까지 계속될 것입니다. 마귀는 우리의 환경을 뒤흔들어서, 보이는 것에 약한 우리가 하나님의 사랑을 의심하여 불안해하고 두려움에 휘둘려서 스스로 파멸의 길을 가도록 몰아갑니다. 이때 하나님은 모든 열악한 환경을 허락하시어 마귀가 연약한 신자를 최대한 막다른 골목에 몰아넣을 때까지 내버려 두십니다. 모진 환경 가운데 약속하신 말씀을 붙들고 하나님의 사랑에 눈뜨고 그 사랑을 체험으로 아는 하나님의 사람이 되게 하시려는 깊은 뜻에서입니다. 마귀가 환난을 통해 하나님을 의심하도록 흔들수록 오히려 그 모든 환난은 체험적으로 하나님을 알게 되는 기회가 됩니다. 하나님 맛을 알아가는 만큼 하나님과의 인격적인 신뢰와 사랑의 관계가 깊어져 갑니다. 영적 전쟁은 비단 성직자들뿐 아니라 모든 인간에게 해당됩니다. 불신자나 초신자들은 마귀가 맹렬히 격동하면 죄와 싸워 이길 의지가 부족해 대부분 실패합니다. 하지만 영적 싸움은 승리가 보장된 싸움입니다. 그렇다면 이제 성도의 이기는 싸움의 비결을 나누겠습니다.

"끝으로 너희가 주 안에서와 그 힘의 능력으로 강건하여지고 마귀의 간계를 능히 대적하기 위하여 하나님의 전신 갑주를 입으라 우리의 씨름은 혈과 육을 상대하는 것이 아니요 통치자들과 권세들과 이 어둠의 세상 주관자들과 하늘에 있는 악의 영들을 상대함이라"(엡 6:10-12).

승리 비결 1. 하나님 자녀에게 주어진 영권의 파워

하나님의 자녀 된 진리 예수님을 구주로 영접하면 우리의 이름이 생명책에 기록되고 영생을 얻습니다. 예수 안에 있는 사람은 모든 죄를 사함받고 구원받습니다.

그리스도의 피 주님의 피는 죽은 생명을 살리는 능력입니다. 십자가 보혈로 마귀는 완전히 패배했습니다. 보혈은 자신을 완전히 내어 주신 사랑의 완성이기 때문입니다. 그리스도의 피는 우리의 상한 영 · 혼 · 육을 완전히 회복시킬 수 있는 능력입니다.

예수님의 피에만 생명이 있기에, 피를 통해서만 회복되는 역사가 일어납니다. 우리를 잡고 있는 죄성을 뿌리째 뽑을 수 있는 것은 오직 예수님의 피뿐입니다. 예수님의 피만이 마귀의 권세를 깨고 하늘 문을 엽니다. 사망을 이기고 승리케 합니다. 십자가의 피를 통해서만 완전한 용서받음, 죄 씻음, 성화, 하나님과의 화해, 성령과의 연합, 마귀와의 싸움에서 승리를 누릴 수 있으며, 주님의 부활 생명이 내 안으로 흘러 들어옵니다. 매일 이 완전한 주님의 피로 자신을 씻어 주님과의 연합을 새롭게 해야 합니다(레위기, 히브리서 전장 참조).

성령 충만 가장 귀한 사랑의 은사는 성령의 열매입니다. 하나님께서는 전심으로 구하는 자 누구에게나 성령충만을 주겠다고 약속하셨습니다. "너희가 만일 성령의 인도하시는 바가 되면 율법 아래에 있지 아니하리라"(갈 5:18). 율법 아래 있으면 완전을 요구하므로, 우리는 행위로 이를 이루려고 필사의 노력을 합니다. 하지만 아무리 몸부림쳐도 행위로 완전해진다는 것은 죄성을 지닌 우리로선 불가능합니다. 은혜로 구원받았지만 아직도 율법의 채찍 아래 늘 쫓기던 옛 행위의 습관은 버리지 못합니다. 오직 성령의 인도 아래 있을 때만 자기 의를 증명하려는 율법에서 자유할 수 있습니다. 자기 의를 증명하기 위해서가 아니라 주님을 사랑함으로 은혜 가운데 성령을 따라 행하게 됩니다.

하나님 말씀 말씀은 믿음 생활의 중심을 잡아 주는 절대 기준입니다. 그러므로 언제 어디서든 말씀이 입에서 튀어나올 수 있도록, 마음에 말씀을 많이 입력해 놓고 그 말씀을 계속 묵상해야 합니다. 간절히 주님의 뜻을 알고자 기도할 때 성령의 기름 부으심으로 그 읽은 말씀이 나의 말씀이 됩니다. 하나님의 마음을 믿음의 눈으로 이해하게 됩니다. 죄성으로 굳은 돌 같은 마음이 하나님의 크신 사랑으로 녹아, 하나님의 겸손하고 온유한 심정으로의 변화가 실제로 내 안에 일어나게 됩니다.

기도 사귐은 사랑의 대화를 통하여 서로를 이해할 때 깊어집니다. 내 속에 있는 것을 그 모습 그대로 전부 내어놓아야, 주님께서 그분의 피로 굳은 마음을 씻어 새롭게 부드러운 마음으로 바꿔 살리는 일을 해 주십니다. "모든 기도와 간구를 하되 항상 성령 안에서 기도하고 이를 위하여 깨어 구하기를 항상 힘쓰며 여러 성도를 위하여 구하라"(엡 6:18). 기도는 성경 말씀이 생명이 되고 현실이 되는 온상입니다. 기도로 은밀한 사랑을 키워 나감이 중요합니다.

예수님의 이름 모든 서류에는 사인이 있어야 효력이 있듯이 하나님 나라의 모든 일에는 예수의 이름이 있어야 합니다. 예수의 이름으로 비뚤어진 모든 것들을 온전케 할 수 있습니다. 예수의 이름을 부른다는 것은 곧 그분의 모든 성품과 능력에 대한 우리의 믿음의 표현이기 때문입니다. 예수의 이름을 선포하는 것은 하나님이 하나님 되심을 인정하는 것입니다. 히브리 전통에 따르면 그 사람의 이름을 선포하는 것은 그 사람이 그곳에 직접 있는 것을 뜻한다고 합니다. 예수 이름을 선포함은 그 선포되는 곳에 사랑의 구세주, 예수가 실제로 임하심을 뜻합니다.

사랑의 대사 우리는 구원받아 하나님의 자녀가 됨과 동시에 이 땅에 하나님 나라의 사랑의 대사로 임명받았습니다. "그러므로 우리가 그리스도를 대신하여 사신이 되어 하나님이 우리를 통하여 너희를 권면하시는 것같이 그리스도를 대신하여 간청하노니 너희는 하나님과 화목하라"(고후 5:20). 우리는 하나님 나라가 임하시도록 예수의 이름으로 화목케 하는 복음 선포를 위임받은 하늘나라 대사입니다.

승리 비결 2. 승리를 보장하는 진리에 대한 확신의 파워

구원의 확신 한 번 구원은 영원히 보장된 구원입니다(요 5:24). 하나님 나라는 관계이므로 우리를 하나님의 사랑에서 그 무엇도 끊지 못합니다(롬 8 장).

용서의 확신 예수님이 십자가에서 흘리신 피값으로 우리의 모든 죄가 용서받았으므로 죄의식도 미움도 내려놓고 자유하게 되었습니다(요일 1:9).

승리의 확신 하나님께서는 감당치 못할 시험을 허락치 않으시고, 감당치 못하면 피할 길을 내주시니 신자의 영적 승리는 보장되었습니다(고전 10:13).

기도의 확신 우리의 싸울 힘은 우리가 구할 때 하나님이 공급해 주십니다(요 16:24).

인도의 확신 전사이신 성령님이 신자 안에 내주하여 지키시며, 신자와의 연합을 위해 항상 대기하시고 함께 싸우십니다(요 14:16).

무기의 확신 전신갑주를 입고 성령님과 연합하면 승리합니다(엡 6:11).

승리 비결 3. 영분별은 영적 승리의 열쇠

전쟁의 기본은 싸우는 대상이 적인지 아군인지 분별하는 것입니다. 죽을 힘 다해 싸웠는데 아군과 싸웠다면 큰일입니다. 우리의 싸움 대상은 우리를 사랑하는 아버지 하나님도, 한 가족인 인간도 아닙니다. 인간을 파괴하고 하나님으로부터 떼어 놓으려는 마귀가 우리의 적입니다. 우리의 적은 마귀와 그의 발판이 되는 죄입니다. 그러므로 내 안에 내재하는 죄의 성향을 분별해 마귀의 발판을 내 안에서 밀어내고 마음을 청결케 함이 영적 승리의 길입니다.

부지중이건 의도적이건 상관 없이 마음을 누구에게 열었느냐에 따라 천국이 열릴 수도 있고 지옥이 열릴 수도 있습니다. 그러므로 마귀의 앞잡이가 될 수도 있음을 기억하고 정신을 바짝 차려야 합니다. 지금까지 속은 것으로 충분합니다. "범사에 헤아려 좋은 것을 취하고 악은 어떤 모양이라도 버리라"(살전 5:21-22)고 바울 사도가 권면하듯이 마귀의 속임수를 알아차려야 합니다. LOVE OF POWER(선악과: 하나님의 선물인 능력, 성공, 자기 숭배, 자기 소원 사랑에 대한 집착)는 마귀에게서 오고, POWER OF LOVE(생명과)는 하나님을 사랑할 때 하나님께로서 옵니다. 무지함은 결코 겸손도 자랑거리도 아닙니다.

나의 찌들 대로 찌든 죄의 습관이 내 안에 있는 마귀의 강력한 진입니다. "오직 각 사람이 시험을 받는 것은 자기 욕심에 끌려 미혹됨이니 욕심이 잉태한즉 죄를 낳고 죄가 장성한즉 사망을 낳느니라"(약 1:14-15). 마귀는 끊임없이 우리를 미혹합니다. 하지만 하나님은 우리에게 자유의지를 주셨습니다. 그러므로 마귀가 유혹한다 해서 따라갈 필요가 없습니다.

"선을 간절히 구하는 자는 은총을 얻으려니와 악을 더듬어 찾는 자에게는 악이 임하리라"(잠 11:27). 우리가 말씀대로 살면 세상의 빛이 되고 마귀는 꼼짝 못 합니다. 넘어진 후 마귀에게 책임을 전가해도 궁극적 책임은 내게 있으므로 그에 따른 고통도 바로 나 자신이 받게 됩니다. “모든 지킬 만한 것 중에 더욱 네 마음을 지키라 생명의 근원이 이에서 남이니라”고 하나님은 권면하십니다(잠 4:23). “그런즉 너희는 하나님께 복종할지어다 마귀를 대적하라 그리하면 너희를 피하리라”(약 4:7).

하나님은 우리를 온전히 하나님의 성품이 지배하는 자녀로 세워 주십니다. 반면 욕심을 부추기고, 비판하는 마음과 배타심이 생기고, 다툼을 일으키고, 파가 갈라지고 평화가 깨지면 마귀의 역사입니다. 마귀는 허는 자, 파괴하는 자임을 기억합시다. 세우는가, 허는가 하는 열매를 보아 누구의 음성인가를 분별할 수 있습니다. 많은 능력과 은사의 사용으로 기적이 나타나도 그곳에 질투와 시기와 각종 무성한 죄로 무리가 나뉘고 썩는 냄새가 나면 이는 마귀의 역사입니다.

마귀에게서 관심을 끄고 오직 하나님 자녀에게 특권으로 주신 진리를 확실히 알고(Sit), 하나님의 말씀과 사랑을 내 것으로 부여잡고(Walk), 하나님의 전신갑주를 취하는 삶에 전심으로 나를 드리면 악한 날에 능히 대적하고 모든 일을 행한 후 서게 될 것입니다(Stand) (엡 6장). Sit, Walk, Stand!

하나님의 성품이 다스리는 영 분별 연습

Self-Help

1. 나의 관심은?

   모두의 화목을 바란다. (　　　)

   나의 성공에 있다. (　　　)

2. 내가 가는 곳마다

   웃음 꽃이 피고 평화가 온다. (　　　)

   파가 갈라지고 다툼이 일어난다. (　　　)

3. 내 눈에는 제일 먼저 남의

   장점이 보인다. (　　　)

   단점이 거슬린다. (　　　)

음성을 들으면 말씀의 사람이 됩니다

"그것을 항상 네 마음에 새기며 네 목에 매라 그것이 네가 다닐 때에 너를 인도하며 네가 잘 때에 너를 보호하며 네가 깰 때에 너와 더불어 말하리니 대저 명령은 등불이요 법은 빛이요 훈계의 책망은 곧 생명의 길이라" | 잠 6:21-23 |

말은 곧 인격입니다.

우리가 하는 말을 통해 자신의 됨됨이가 드러납니다. 우리의 미약한 말도 다른 이를 세우거나 무너뜨리는 숨은 힘을 지니고 있습니다. 하물며 하나님의 말씀은 어떻겠습니까? 성경 말씀은 단순히 써 있는 문자의 나열이 아니라 하나님의 인격입니다. 무에서 유를 창조하시며 있는 것을 없애시기도 하는 능력입니다. 태초 때나 지금이나 하나님도, 그 말씀도 변함이 없습니다. "말씀이 육신이 되어 우리 가운데 거하시매 우리가 그의 영광을 보니 아버지의 독생자의 영광이요 은혜와 진리가 충만하더라"(요 1:14). 말씀이 성육신하신 예수님에게는 은혜와 진리가 충만합니다. 예수 안에서 모든 것이 통일됩니다. 예수 안에 모든 비밀이 있습니다. 예수님은 하나님 말씀 가운데 자신을 가두시고 우리를 만나려고 기다리십니다.

아무리 자기 눈으로 분명히 보고 귀로 신비한 소리를 들었다 해도 하나님의 성품과 어긋나는 것은 하나님의 음성이 아닙니다. 서로 마음의 깊은 뜻을 알아들어야 비로소 음성을 들은 것이라 할 수 있습니다. 하나님의 음성인 성경 말씀에는 하나님의 심정이 묻어납니다. 그 하나님의 말씀을 의도하신 대로 이해해야 하나님의 음성을 듣고 인격과 인격이 만나게 됩니다. 제대로 하나님의 말귀를 알아들으면 하나님의 인격을 신뢰하고 그분에게 마음을 엽니다. 양은 자기 목자의 음성을 어디서건 알아듣습니다. 하나님을 나의 왕, 나의 목자로 모시며 그분의 다스림 아래 주인의 성품을 닮고 하나님 자녀다워집니다. 말씀을 믿고 따를 때 예수님의 은혜와 진리가 충만한 인격이 우리의 인격을 통해 흘러나옵니다.

말씀은 영원히 변치 않는 사랑의 약속입니다. 말씀은 영혼의 양식입니다. 영원히 변치 않는 절대 기준(Canon)입니다. 큰아들이 6학년 때 교회에 어려운 일이 있었습니다. 부족한 어른들의 실수로 기독교에 회의를 품지는 않을까 걱정되어 아들에게 물었습니다. “만약 너에게 완전히 신앙의 자유를 준다 해도 기독교를 택하겠니?” 아이는 한참 생각하더니 “엄마! 예수님은 교통신호등 같아요. 신호등이 없으면 차들이 제멋대로 서로 먼저 가려고 해서 너 죽고 나 죽는 지옥이 될 거예요. 아무 일도 하지 않는 것같이 서 있는 신호등처럼 내게는 예수님이 꼭 필요해요.” 그 아이 식의 멋진 고백이었습니다. 예수님은 모두가 바라볼 절대 기준이십니다. 혼잡한 교통을 정리해 주는 우리의 완전한 보호막이십니다. 이 얼마나 놀라운 하나님의 깊으신 배려인지요!

✻ 말씀의 역할은 무엇인가? ✻

1. 하나님이 자신의 생각, 하나님의 느낌, 하나님의 뜻을 전달하는 의사소통방법이다.
2. 완전하신 아버지가 자녀를 온전케 교육하는 교과서이다.
   “모든 성경은 하나님의 감동으로 된 것으로 교훈과 책망과 바르게 함과 의로 교육하기에 유익하니 이는 하나님의 사람으로 온전하게 하며 모든 선한 일을 행할 능력을 갖추게 하려 함이라” (딤후 3:16~17).
3. 성부 하나님, 성자 예수님, 성령 하나님이 하시는 모든 사역의 도구입니다. 말씀을 믿을 때에 하나님의 능력이 나갑니다. 말씀은 곧 하나님의 능력, 품성이 나가는 통로입니다.

큐티의 축복

저는 C. C. C. 김준곤 목사님께 신앙생활을 배웠습니다. 목사님은 파스칼의 『팡세』를 말씀하시며 '나의 팡세'를 써 보라고 강조하셨습니다. 이것은 글로 표현한 기도라고 볼 수 있습니다. 그리하여 '나의 팡세'를 열심히 써서 글 쓰는 것이 편안해지자 이번에는 큐티 훈련을 받게 되었습니다. 말씀을 객관적으로 관찰하고 이해된 부분 중 부딪쳐 오는 말씀을 묵상 적용하는 간단한 방법이었습니다. 일방적으로 제 말만 쏟아 놓을 땐 마음은 시원했지만 답을 모르는 문제들 앞에서는 답답했습니다. 하지만 그 모호한 문제들을 말씀에 비추어 보니 확실한 기준이 생겨 하나둘 실타래처럼 풀리는 것이었습니다. 매일 꾸준히 성경 한 장을 읽고, 노트 한 페이지 정도를 썼습니다. 처음에는 워낙 성경에 무지해, 관찰은 알아들은 부분의 요약에 불과했습니다. 잘 이해되지 않은 말씀은 반복해서 많이 읽었더니 충분한 해답을 얻을 수 있었습니다. 가끔 거르면 무언가 아주 중요한 것을 잃어버린 듯 불안했습니다. 큐티 중독에 걸린 것입니다.

C. C. C.에서 배운 방식에 '매일성경', 두란노의 '생명의삶'의 도움으로 15여 년쯤 매일 큐티를 계속했습니다. 1990년 한국 방문 중 C. C. C. 선배 되시는 윤병옥 언니(홍정길 목사님의 사

모님)의 강권으로 프리셉트를 소개받았습니다. 마침 집 근처에서 훈련받을 기회가 생겨 큐티 사역자 훈련까지 끝냈는데 새로운 세상이 열린 것 같았습니다. 그간 제자 훈련에 전력투구해서 '나의 제자'는 많았지만 쓸 만한 '주님의 제자'로 세우는 데는 미흡해 고심하던 차에 기뻤습니다.

프리셉트는 귀납적 성경공부 방법입니다. 여러 관점으로 성경을 반복해 보고 또 보는 프리셉트의 관찰 방법을 활용하니 제멋대로 치우쳐 말씀을 적용하는 일이 줄었습니다. 말씀이 말씀으로 연결되니 그 해석이 자연스레 따라와 하나님의 심정을 깊이 이해하게 되어 하나님의 음성을 듣는 좋은 훈련이 되었습니다.

말씀을 하도 반복해 읽다 보니 절로 암송이 되고, 묵상하는 것이 습관이 되어 언제 어디서 무엇을 해도 말씀 속에 거하게 되었습니다. 한 바가지 물을 콩나물에 부으면 물이 다 빠져나가는 것 같아도 콩나물은 자랍니다.

남들은 제가 말씀 깨닫는 은사를 받았다고 부러워합니다. 그것은 어느 날 갑자기 떨어진 신비의 은사는 아니고 다만 말씀대로 찾고 찾은 열매입니다. "너희가 온 마음으로 나를 구하면 나를 찾을 것이요 나를 만나리라"(렘 29:13). 35년간 죽기 살기로 한 것이라곤 달아나는 제 마음을 주님의 말씀 앞에 붙들어다 앉힌 것뿐입니다. 매일 더도 말고 성경 한 장, 노트 한 장의 큐티가 저의 35여 년 믿음의 중심을 잡아 준 것입니다. 은혜 받겠다고 여기저기 돌아다니며 난리친 것도 아닌데, 다만 말씀을 즐거워하여 밤낮으로 묵상하다 보니 제 속에 조용히 변화가 일어난 것입니다. 삶의 주인을 예수님으로 모시니 뿌리박힌 제 안의 많은 세상적 고정관념이 주님의 관점으로 바뀌는 엄청난 복이 임했습니다.

한두 장의 큐티로는 여전히 목이 말라 성경 인물들을 깊이 묵상해 보았습니다. 성경의 많은 인물들을 여러 환경 가운데 다듬어 가시는 주님의 손길을 따라가며 저 자신에게 적용하니 지금 하나님께서 저 자신의 어느 부분을 다듬고 계시는지 알게 되었습니다. 그러면서 주님의 사랑에 대한 많은 오해들이 풀렸습니다. 회개할 부분들, 잘라 버려야 할 못된 죄성들, 마땅히 회복되어야 하는 하나님에 대한 신뢰, 나아가 현 지점에서의 사명과 미래의 하나님께서 행하실 방향도 알게 되었습니다.

성경 인물 한 사람의 생애를 훑어보며 저를 향한 하나님의 큰 그림을 보게 되니 사사로이 성경을 무리하게 적용하는 일반 큐티의 맹점이 해결되었습니다. 한 장 큐티가 현미경으로 보는 것이라면 인물 묵상은 나무 한 그루를 크게 바라보는 것이어서 작은 부분의 섬세함이 절로 보이게 되어, 주님의 마음과 하나로 접목되었습니다. 이처럼 마음을 훈련하는 하나님이십니다. 비록 성경의 어떤 인물은 하나님 뜻대로 회복되지 못하고 빗겨 가도, 그 애절한 하나님의 사랑의 만져주심을 묵상하는 제가 대신 회복을 입어 치유가 임했습니다. 묵상하는 인물이 늘어날수록 주님의 성품이 제 안에 들어오는 은혜가 넘쳐 나도록 임하였습니다.

2년 전 한국 사모님들의 치유세미나 중에 인물 묵상을 소개해 드렸습니다. 제가 한국을 떠난 후 바로 몇몇 사모님들로부터 시작된 성경 인물 묵상방이 지난 2년간 여러 개로 늘어났습니다. 제게 임한 하나님의 만져주심의 성령행전이 인물 묵상방에 계속 이어지는 것에 놀라며 감격할 뿐입니다.

인물 묵상방에 참여한 신사모님은 이렇게 간증하셨습니다. "저는 성경 인물 묵상을 통해 말씀 안에서 주권자이신 하나님을 세밀하게 알게 되어 더욱더 하나님 알기를 소원하게 되었습니다. 말씀이 진리로서 친히 역사하는 경험을 한 인물의 죄악과 돌이킴 그리고 주님의 선하신 손을 통해 맛보았습니다. 인물을 통해 끊임없이 보여 주시는 하나님의 선하시고 자비하신 손길이 제게도 있음을 확신하면서, 큰 위로와 소망과 또 사명이 회복되는 것을 느꼈습니다. 인물 묵상을 통해 제 안에서 말씀이 생생하게 살아 움직이는 기적 같은 순간과 말씀으로 자세하게 인도하시는 하나님의 은혜를 맛보고 있습니다. 말씀 묵상은 힘이 있으며 또 영혼의 감성을 불러일으킵니다."

사람도 오랜 세월을 겪어 봐야 그 진가를 알고 가까워집니다. 하나님과의 관계에서도 오랜 세월을 겪어야 사랑이 자랍니다. 말씀 묵상이 체질화되어야 주님의 은혜 안에 늘 머무는 삶을 살 수 있습니다. 성경 말씀 하면 어쩐지 지루하고 어렵다는 생각이 드십니까? 성경은 열어 주길 기다리는 무궁무진한 보화가 감추어진 보물상자입니다. 모든 인생의 답을 말씀 안에서 간절히 구하고 찾고 두드려 보십시오. 하나님과 함께하는 것이 축복입니다. 말씀이 우리를 주장하는 삶이야말로 하나님의 은혜가 이끄는 승리하는 영적 축복의 삶입니다.

일반 큐티에 익숙하나 더욱 하나님의 만져주심을 크게 입고 깊은 은혜의 자리로 나아가길 목말라 하는 분들을 인물 묵상으로 초대합니다. 아무쪼록 놀라운 치유가 넘치는 성경 인물 묵상 나눔방이 곳곳에 일어나 힘든 세상을 밝혀 주는 등불이 되길 소원하며, 혼자 혹은 그룹으로 훈련하도록 인물 묵상 양식과 참고 성구표를 첨부합니다.

Stillness training / 말씀 경청 훈련

Self-Help

1. 우선 하나님의 말씀을 간절히 듣고자 하는 마음 준비를 합니다.
2. 말씀 앞에 자신을 붙들어 앉힙니다.
3. 말씀이 의미하는 내용을 관찰합니다.
4. 말씀하시는 이의 의중을 깊이 생각합니다.
5. 말씀을 깊이 묵상하며 음미하고 암송합니다.
6. 말씀을 구체적으로 삶에 적용합니다.
7. 말씀의 약속들을 하나씩 구체적으로 삶 속에서 경험하게 됩니다.
8. 구체적으로 말씀을 체험한 만큼 하나님과의 사랑의 끈이 두터워집니다.
9. 자연스레 흘러나오는 말씀을 따라 하나님의 임재를 연습합니다.
10. 말씀이 모든 생각, 감정, 의지를 주도하고 성령으로 충만하여, 모든 환경을 이기고 주님과 계속 연합함으로 순종하게 합니다.
11. 걸어 다니는 주님의 성전이 되어 주님과 동행합니다(요 1:14).

Self-Help

성품훈련이 일어나는 성경 인물 묵상 양식

________________ 묵상

참고 성구 :___________

1. 관찰

인물에게 일어난 연대순	일어난 사건에 대한 인물이 보인 반응, 행동들 (선악과 반응에 밑줄 그으세요)	이를 다루시는 하나님의 처방 (살리는 하나님의 생명과)

2. 묵상

1) 인물이 속고 있던 중심 문제는 무엇입니까? (인물이 딴 선악과는 무엇입니까?)

2) 하나님의 세워 주시려는 훈련과 결과는 무엇입니까? (하나님의 만져주신 손길은 무엇입니까?)

3) 인물이 경험한 하나님의 성품은 무엇입니까?

3.적용

1) 묵상 인물을 통해 만난 내가 딴 선악과와 내게 임한 하나님의 성품은 무엇입니까?

2) 순복을 위한 적용 결단기도는 무엇입니까?

성경 인물 묵상 참고 성구

1. 아담 – 창 1~5장, 롬 3:12~13, 고전 15:22~29, 살전 5:23
2. 하와 – 창 2~5장, 고전 11:3~12, 딤전 2:11~15, 엡 5:22~33
3. 가인, 아벨 – 창 4~5장, 눅 3:38, 히 11:4, 요일 3:11~15, 유 11절
4. 라멕– 창 4: 16~24, 롬 1: 18절 이하
5. 노아, 셈, 함, 야벳 – 창 5:21~10:1, 히 11:7, 벧전 3:20, 벧후 2:5, 대상 1장
6. 아브라함, 사라 – 창 11:10~25:9, 사 41:8, 51:2, 행 7:2~8, 롬 4:13~25, 히 11:8~13,
7. 이삭, 리브가 – 창 17장~28장, 35장, 히 11:17~20, 약 2:21~23
8. 야곱, 레아, 라헬 – 창 27~35, 46~49장, 마 22:29~33, 요 4:6~14, 히 11:20~21
9. 요셉, 보디발의 아내 – 창 37~50장, 행 7:9~19, 히 11:21~22
10. 유다, 다말 – 창 29:31~35, 38:11~30, 49:8~12, 민 24:16~19, 수 15:1~12, 삼하 2:1~11, 마 1장, 눅 3:23~38, 히 8:7~13, 계 5:5
11. 모세, 요게벳, 십보라 – 출 1~24장, 민 9~21, 32~34장, 행 7:22~46, 히 3:1~19, 11:23~29
12. 아론, 미리암 – 출 4~17, 24, 30장, 민 17~20장, 레 8~10, 16~17장, 히 4~9장
13. 여호수아, 갈렙 – 출 17, 24, 33장, 민 13~14, 27장, 수 1~13, 23~24장, 행 7:44~46, 히 4,11:30
14. 라합 – 수 2, 6장, 마 1:5, 히 11:31, 약 2:25
15. 사사기 인물들 / 드보라와 바락 – 삿 4~5장
16. 기드온– 삿 6~ 8장
17. 삼손, 들릴라 – 삿 13~16장
18. 룻, 보아스 – 룻 1~4장, 마 1:5
19. 한나, 브닌나 – 삼상 1~2장
20. 사무엘, 엘리 제사장 – 삼상 1~16, 19장, 25:1, 대상 9:22, 26:28, 29:29,

히 11:32~34

21. 사울 – 삼상 8~31장, 대상 10장, 행 13:21

22. 다윗, 밧세바, 아비가일 – 삼상 16~31장, 삼하 전체, 대상 15, 25장, 왕상 1~2장

23. 요나단 – 삼상 13~14, 18~20, 23, 31장, 삼하 1, 9장

24. 야베스 – 대상 4:9~10

25. 솔로몬, 여로보암– 왕상 1~11장, 대하 1~9장, 마 6:29, 12:42, 요 10:23, 행 5:12

26. 술람미 여인 – 아가서

27. 요아스 – 왕하 11~12장, 대하 24장, 마 23~35장

28. 엘리야, 엘리사 – 왕상 17~21장, 왕하 1~8장, 말 4:5~6, 마 17:1~13장, 눅 4:25, 9:8~21, 약 5:17~18

29. 히스기야 – 왕하 18~20장, 대하 29~32장, 사 36~39장, 렘 15:4, 26:18~19

30. 아합과 이세벨 – 왕상 16:18~22장, 왕하 9장

31. 여호사밧 –왕상 22장~ 왕하, 대하 17~21:1

32. 요시야 – 왕하 22~23장, 대하 34~35장

33. 두 여인 비교 묵상 / 아비야 (히스기야 어머니) – 대하 29장,
아달랴(여호람 아내 / 아하시야 어머니) – 왕하 11장, 대하 22~23장

34. 므낫세, 아몬 – 왕하 21장, 대하 33장
여호아하스, 여호야김, 여호야긴, 시드기야 – 왕하 23~25장, 대하 36장

35. 에스라 – 스 1~10장, 사 44:28~45:1~4,13

36. 느헤미야 – 느 1~13장

37. 에스더 – 에 1~10장

38. 이사야 – 이사야, 마 12:7, 눅 24~44, 롬 9:27, 10:16, 15:12, 벧전 1:10

39. 예레미야 – 예레미야, 애가, 마 16:13~16, 2:17, 27:9, 히 8:8~12

40. 느부갓네살 – 왕하 24~25장, 단 1~5장

41. 다니엘 – 단 1~12장, 마 24~15, 막 13~14, 히 11:33~34

42. 요나 – 욘 1~4장, 왕하 14:25, 마 12:38~41, 눅 11:29~32

43. 스가랴 – 슥 1~14장, 마 24~25장, 계 19:7~21

44. 하박국 – 합 1~3장

45. 욥 – 욥기

46. 사도 요한 – 요 1~7, 20~21장, 막 1:19~20, 마 20:20, 계 1:1~10, 요일, 요이, 요삼

47. 세례 요한– 마 3장, 눅 1, 3장, 요 1장, 사 40:3~5, 말 3:1, 4:5~6

48. 가룟 유다 – 마 10:1~6, 26:14~25, 26:47~50, 27:3~10, 요 6:70~71, 12:3~8, 13:21~35

49. 도마 – 마 10:1~6, 요 11:1~16, 14:1~6, 20:19~31, 21:1~2, 행 1:13

50. 베드로 – 요 1, 20, 21장, 마 4, 16, 26:69~75, 28:16~20, 행 1~12, 15장, 베드로전후서

51. 사도 바울 – 행 9~28장, 롬 7:15~25, 고후 4장, 갈 1:10~24, 3장, 엡 4장, 딤후 4장

52. 바나바 – 행 4:32~37, 행 11~15장, 갈 2:1~18

53. 예수님 동생 야고보 – 마 13장, 막 6장, 행 1, 15장, 고전 15:7, 갈 1:19, 2:9~12, 약 1~5장, 유 1장

54. 마가 요한 – 행 12~13장, 15:36~41, 골 4:10~11, 딤후 4:9~11, 벧전 5:13

55. 마태 – 마 9~10장, 막 2~3장, 눅 5~6장, 행 1장

56. 누가 – 눅 1:1~4, 골 4:14, 딤후 4:11, 몬 1:24, 행 16:1~17, 20:5~21:17, 27~28장

57. 예수 어머니 마리아 – 마 1~2장, 눅 1~2장, 막 6장, 요 19:25~27, 행 1:14

58. 베다니 마리아, 마르다 – 마 26:6~13, 막 14:3~9, 눅 10:38~41, 요 11장, 12:1~8

59. 막달라 마리아 – 마 27, 28장, 막 15, 16장, 요 8, 19, 20장

60. 사마리아 여자 – 요 4장

61. 아나니아, 삽비라 – 행 5:1 – 11

62. 브리스길라, 아굴라– 행 18장, 롬 16:3, 딤후 4:19

63. 디모데 – 행 16장, 디모데전후서

음성을 들으면 세우는 기도자가 됩니다

"너는 내게 부르짖으라 내가 네게 응답하겠고 네가 알지 못하는 크고 은밀한 일을 네게 보이리라" | 렘 33:3 |

주님의 손이 우리와 함께하는 것이 최고의 축복입니다. 주님께서 우리의 삶에 깊이 들어오시게 하는 것이 기도입니다. 진실한 기도는 주님의 축복을 풀어놓아 다니게 하는 열쇠입니다. "마음이 청결한 자는 복이 있나니 그들이 하나님을 볼 것임이요"(마 5:8). 정직한 기도는 우리를 진실하게 합니다. 기도는 주님이 들어오실 수 있도록 마음의 방을 깨끗이 치우는 것과 오셔서 마음껏 일하시도록 자리를 깔아 드리는 두 가지 역할을 합니다.

은밀한 골방기도

골방기도는 내 모든 이기주의 죄성을 말씀으로 녹여 주는 용광로입니다. 회개 기도는 썩는 것을 막아 주는 방부제입니다. 정죄와 방어로 높아진 벽들이 녹아내립니다. 다른 이들을 위해 간절히 기도하는 동안 가슴속에 주님의 사랑이 임하여 누구라도 품어 주는 넉넉한 가슴이 됩니다. 골방기도터는 하나님에게서 흘러나오는 사랑의 옹달샘입니다. 기도는 하늘 나라를 이 땅에 가져오는 방법입니다.

골방기도는 회생의 산실입니다. 말씀이 음식이라면, 기도는 먹은 음식을 소화해서 피가 되고 살이 되게 해 주는 내장 기관이라 할 수 있습니다. 기도 중에 모든 막힌 죄를 토해 내고, 깨끗이 씻김을 받습니다. 기도가 빨래 빠는 세탁기라면, 십자가의 피는 아무리 더러운 옷이라도 깨끗케 해 주는 빨래 비누입니다. 빨래 비누가 풀어지는 빨랫물은 말씀이며, 기계를 작동하는 전기는 성령님이십니다. 세탁기에 빨래를 넣고 믿음의 스위치를 켜기만 하면 옷이 깨끗이 빨려 나옵니다.

골방기도는 자아가 죽는 만큼 주님이 생명으로 흘러가는 통로입니다. 어려운 환경 속에 넣으시어 무릎 꿇고 겸손케 하십니다. 고통 가운데 부르짖을 때 우리는 욕망을 하나씩 내려놓습니다.

진정한 가치관에 눈이 떠집니다. 기도 중에 말씀에 의지하여 사랑의 하나님, 구원의 하나님을 바라보며 주님의 변하지 않는 신실한 성품, 우리를 향한 사랑을 깊이 묵상하고 의지합니다.

골방기도는 하나님과 은밀한 만남을 나누는 사랑방입니다. 마음에 맺힌 것을 쏟아 놓고, 하나님의 사랑의 손길을 체험하는 곳입니다. 하나님의 약속한 말씀대로 구하고, 두드리고, 찾은 것을 응답받는 곳입니다. 일일이 응답받는 기쁨은 정말 놀랍습니다. 삶 가운데 주님의 사랑을 깊이 맛보며, 날이 갈수록 굳건한 사랑의 집이 지어집니다. 사랑하는 아버지가 뒤에 계시니 이 세상 어떤 환난이 와도 끄떡없다는 배짱이 생깁니다(롬 8:35-39). "나를 믿는 자는 성경에 이름과 같이 그 배에서 생수의 강이 흘러나오리라"(요 7:38).

골방기도는 삶의 지경을 넓혀 줍니다. 믿음이 성숙해짐에 따라 기도 내용이 달라집니다. 인격이 주님과 닮아 갈수록 원하는 것만 내놓으라고 요구하던 폭이 넓어져 점차로 남을 위해 주님의 마음에 쏙 드는 기도를 하게 됩니다. 모세처럼 자격 없는 이들을 위해 여호와의 이름의 영광을 걸고 기도합니다. 자신을 괴롭히는 이들을 위해 눈물로 간구합니다. 하나님도 눈물에는 약하십니다. 내 죄인 양 남의 타락을 애통해하며, 남의 아픔을 내 아픔으로 끌어안고 울며 기도하면, 원수의 영혼 구원을 위해 애통의 절규로 구하면 "…통회하는 마음을 주께서 멸시하지 않으시고"(시 51:17) 기도에 곧 응답해 주십니다. 눈물의 기도는 심령을 깨끗이 씻어 주고 새롭게 해 줍니다. 주님의 마음에 합하는 자, 애통하는 이는 눈물이 많아집니다. 기도로 우리는 말씀 충만, 성령 충만, 사랑 충만, 성령의 능력을 덧입습니다.

강청하는 중보기도

강청하는 중보기도는 방패가 됩니다. 애통의 기도로 저의 자살을 막아 준 친구에게 20여 년이 지난 후 이런 고백을 들었습니다. "어쩐지 네가 자살할 것 같다는 위기감이 들어 매일 울면서 기도했단다." 예수 안에서 처음 만난 자매인 이형기 사모님이 바로 든든한 중보기도자며 제 은인입니다. 40년을 한결같이 서로를 가슴에 품고 기도 가운데 세워 줍니다. 강청하는 중보기도는 은혜의 보호막입니다. 무자비한 마귀의 공격과 위협에도 중보기도자들 덕분에 사명을 은혜로 감당하고 있습니다. 진실에서 우러난 강청의 중보기도는 어떠한 완악한 마음도 녹입니다. 하나님께서는 사랑에서 나온 순수한 기도는 다 들어주십니다.

중보기도는 사랑의 가장 숭고한 표현입니다. 어느 형편에서건 쉬지 말고 주님의 심정과 하나 되어 열심히 기도해야 합니다. 주님과 한마음이면, 원수까지도 고슴도치를 가슴에 품듯 사랑으로 품고 기도하게 됩니다. 진실된 중보기도자는 자신을 쳐서 복종함으로 주님의 십자가의 길을 기쁨으로 걸어갑니다. 십자가를 달게 지는 용서의 중보기도는 하늘 문을 활짝 열리게 하고 이 땅에 화평이 임하게 합니다.

아버지가 돌아가신 후 혹시 요셉이 자신들을 해칠까 두려워 "아버지가 용서해 주래" 하며 죽은 아버지를 업고 목숨 부지하려는 형들의 말을 들을 때 요셉은 "두려워하지 마소서 내가 하나님을 대신하리이까 당신들은 나를 해하려 하였으나 하나님은 그것을 선으로 바꾸사 오늘과 같이 많은 백성의 생명을 구원하게 하시려 하셨나니 당신들은 두려워하지 마소서"(창 50:19-21)라고 울며 간곡한 말로 위로합니다. 넘치도록 품는 주님의 성품을 덧입은 요셉의 용서는 형들을 겸손히 회개하게 했습니다. 그리하여 깊은 형제애를 회복하는 천국을 열었습니다. 자기 권리를 포기하는 사랑 덕분에 형들을 두려움에서 자유케 해 주고, 요셉 자신은 성큼 깊어진 인격의 성숙을 경험합니다. 주님과 사람에게 존귀히 여김 받는 만인의 연인이 되었습니다.

선악과를 생명과로 전환한 파워기도 간증

예전에 제가 아끼던 제자가 있었습니다. 저는 아무런 대가도 바라지 않고 성심성의껏 그를 키워 주고 도와주었습니다. 그런데 어느 날 갑자기 저를 밀어내고 그것도 모자라 저를 이용해 자기 성취의 기회로 삼는 일이 생겼습니다. 너무 놀라서 어안이 벙벙해져 있을 때 하나님은 무감각의 은혜를 주셨습니다. 얼마 후 정신을 차리니 너무 분해 혈압이 치솟고, 심장이 마구 뛰었습니다. 그래서 한참동안 하나님께 일러바치는 고자질 기도를 했습니다.

흥분이 가라앉으니 하나님께서 "네가 나를 사랑하느냐?" 하고 물으시면서, 그의 마음 상태를 알려주셨습니다. 그러고는 "주님! 제 맘을 당신의 성품에게만 드립니다. 당신의 자랑스러운 딸이 되기 원합니다. 당신의 성품에 참여하게 하옵소서!" 하고 전에 드렸던 옛 기도를 생각나게 해 주시고 그를 위해 기도하라고 하셨습니다. 스스로 그렇게 기도를 했으니 처음에는 내키지 않았지만 그를 축복하기 시작했습니다.

그러다보니 자기 이익을 위해서 얼굴을 바꾸는 그의 모습이 너무도 안타까워 눈물콧물 범벅이 되었습니다. 그에 대한 애통함이 회개기도로 변했습니다. 주님의 이름을 붙들며 그의 회심을 위해 간절히 간구하게 되었습니다. 그러고 나니 주님이 저의 영혼에 이루 말할 수 없는 기쁨으로 크게 임하셨습니다.

"네 십자가를 지고 나를 따르라. 배반당하는 쓴 잔의 값은 톡톡히 지불했지만 정말 네 마음이 진짜냐?" 두드리고 시험해 보신 것입니다. 입술의 사랑의 고백을 현실의 열매로 바꾸어 주신 것을 그제야 깨달았습니다. 주님의 성품에 참여함으로 주님이 기뻐하시는 진정한 딸이 되겠노라 작정한 것에 대한 현장실습이었습니다. 결코 용서할 수 없는 그를 품는 십자가의 사랑 안으로 성큼 끌어당겨 주신 것입니다.

저 자신에겐 여전히 자아 중심인 걸 사람을 처리하고, 주님의 십자가를 그림자라도 맛보게 해 주신 영광의 기회였습니다. 고통은 가장된 축복입니다. 얼마 지나니 기도의 내용이 그대로 현실로 이루어져 그가 자숙하고 제자리로 돌아왔습니다. 그는 그대로, 저는 저대로 한 단계 높여 주셨습니다. 치솟던 배반감에 대한 분노가 눈 녹듯 녹아내리고, 중보기도 가운데 그를 향하던 첫사랑을 더 깊고도 새롭게 회복해 주셨습니다. 저의 옥합을 깨니, 주님의 사랑이 기름처럼 흘러나왔습니다. 그 나름대로 경성하는 모습을 보니 그저 예쁘게만 보였습니다. 그럼에도 불구하고 참아 주고 받아 주는 성숙한 사랑, 드디어 주님의 마음에 합해 드린 믿음의 대승리였습니다.

"아 주님 감사합니다! 잘난 자존심 끌어안고 있으니 빈껍데기를 두드려 털어 주셨습니다. 당신의 깊은 맘을 헤아릴 수 있는 마음의 귀를 열어 주셨습니다. 저 같은 것에게 어찌 이토록 자상하게 알려주시나요. 이토록 저를 품어 주시고 가까이 해 주시는 주님의 사랑! 감격의 눈물밖에 드릴 것이 없습니다. 어찌 저를 이다지도 깊이 사랑하시는지요! 내 잔이 넘치나이다!"

찬양의 기도가 물밀 듯 영혼에 가득 넘쳐흘렀습니다. 우리는 시야가 짧아 당면한 문제가 자기 뜻대로 해결되면 기도 응답받았다고 좋아합니다. 무엇이 하나님 마음에 합한 기도인지 동서를 분간하지 못하므로, 우리의 수준에 맞추어 주신 것뿐인데도 말입니다. 목적도 중요하지만 하나님은 목적을 이루는 방법을 더 중시하십니다.

중보기도의 응답은 주기도문에서 주님이 가르쳐 주신 대로, 하늘나라가 이 땅에 이루어져 하나님의 다스림 속에 들어가는 것입니다. 하나님의 성품이 우리 각 사람의 성품 속에 배어 나올 때입니다. 욕망을 성취하기 위해 수단과 방법을 가리지 않을 때는 주님의 성품이 함께할 틈이 없습니다. 감당할 능력이 없기 때문에 훈련을 잠시 뒤로 연기한 것뿐입니다. 그러나 하나님은 당신의 성품으로 회복되는 성화 훈련으로 서서히 이끄십니다. 중보기도의 능력은, 나는 죽고 그리스도의 성품이 얼마나 중보자 안에 열매로 들어와 있는가에 비례합니다. 많이 기도하며 엎드릴 때 자기사랑이 정리됩니다. 자격 있는 사명자가 되려면 통 넓은 리더의 자질을 겸비해야 합니다. 사명의 가치와 그 자리의 영광됨을 아는 자가 충성된 하늘 대사가 될 것입니다. 그래서 하나님께서는 사람을 먼저 키우십니다.

중보기도자는 어떤 사람인가?

첫째, 쉽게 말하면 무자비한 적의 공격을 받는 약한 동생을 지키기 위해 싸우는 언니, 오빠의 지원 부대입니다(롬 15:1). 세상을 어지럽히는 마귀의 일을 갈아 엎어 새롭게 하시는 하나님의 사역에 참전한, 하나님 나라의 최전방 전사입니다(주기도문 참조).

둘째, 하나님 나라의 최전방 파수꾼(선지자)입니다. 파수꾼은 연약한 자가 죄에 넘어져 하나님 앞으로 나오지 못하고 떨어져 나가 하나님 나라가 확장되지 못하고 오히려 지옥이 되는 것을 먼저 알아 보고, 적의 침투를 경고하는 사자입니다.

셋째, 열방에 산재한 하나님 나라를 하나님의 성품으로 섬기는 왕입니다.

넷째, 기도로 하나님의 일을 대행하는 암행어사입니다.

다섯째, 기도로 하나님의 심판을 막아서는 자입니다.

여섯째, 기도로 하나님의 무너진 성벽을 수축합니다.

일곱째, 주님의 이름과 말씀의 강력한 기도로 적진을 공격하는 최전방 대장입니다.

여덟째, 백성들과 하나님 사이를 연결하는 다리 역할을 맡은 제사장입니다. 하나님의 약속의 말씀, 하나님의 성품, 하나님의 거룩한 이름, 하나님의 영광을 붙들고 백성들을 위해 눈물과 간구를 드리며 연약한 자를 세우는 사람이 중보기도자입니다.

중보기도자의 무기

첫째, 영 분별입니다. 전투의 가장 기본은 적군과 아군을 분별하는 것입니다. 아무리 유능한 군사라도 적군을 위해 잘 싸우면 싸울수록 아군에게 해를 가하게 됩니다. 중보기도자는 하나님 나라를 위해 싸우는 자입니다. 그 싸움이 중보자 개인의 유익을 위함인지, 하나님을 위함인지, 그 동기와 목적이 분명해야 합니다. 오로지 하나님의 뜻을 제대로 분별해 힘을 합할 때 하나님 나라가 크게 확장됩니다. 중보자는 하나님의 음성인지, 마귀의 소리인지 분명히 분별할 줄 알아야 합니다. 하나님은 하나님의 성품에 맞는 진리의 말씀을 하시고 마귀는 마귀의 성질에 맞는 거짓말을 하기에, 하나님과 마귀의 품성과 행동 패턴을 확실히 이해해야 합니다.

둘째, 체질화된 하나님의 말씀입니다. 영 분별의 완전한 잣대는 하나님의 뜻이 분명히 명시된 하나님 말씀이기 때문에 하나님의 말씀에 능할 때 중보기도로 마귀를 격파하는 무장을 갖추게 됩니다. 골방기도터에서 말씀의 체질화가 일어나는 중보기도자의 힘이 키워집니다.

셋째, 배어 나오는 하나님의 성품입니다. 골방기도에서 중보자 자신의 죄성을 통회하고 태우는 회개기도와 감격, 감사로 하나님과의 사랑을 은밀히 가꿔야 합니다. 하나님과의 사랑이 깊어질수록 중보자 안에 하나님의 성품(성령의 9가지 열매)이 임하여 하나님 나라가 세워집니다. 여기에서 흘러나오는 주님의 심장으로 잃어버린 자들을 위한 중보기도를 힘있게 드릴 때 하늘의 복이 세상으로 퍼져 나가게 됩니다. 당연히 원수 마귀는 중보기도자가 하늘 복을 놓치도록 미혹하려 함정을 놓습니다.

중보기도자가 빠지기 쉬운 함정

첫째, 선악과를 따는 영적 교만에 빠지기 쉽습니다. 영적 교만에 빠지면 자신의 주장을 기준으로 삼아 교회나 사역의 방침을 좌지우지하려 들고, 거슬리면 말씀을 빙자해 지도자를 대적하여 분란을 일으키고 하나님을 대적하는 교만한 마귀의 앞잡이로 떨어집니다.

둘째, 사랑이 결여되기 쉽습니다. 판단하는 마음과 정죄하는 마음이 커져 사랑이 식고 형제를 고소하기까지 할 수 있습니다.

셋째, 영적 은사나 영적 권위를 자신의 것으로 착각하기 쉽습니다.

넷째, 다른 이를 신뢰하지 못하고 일을 맡기지 못하여 무리하게 강행하다 탈진하기 쉽습니다.

다섯째, 완전주의로 인한 지나친 중보에 대한 염려와 부담으로 성령님과의 연합을 내려놓고 전쟁 전에 급히 제사드리는 사울의 행위로 빠질 수 있습니다.

여섯째, 지나치게 마귀를 의식하고 신경 쓰다가 하나님을 바라보지 못할 수 있습니다.

일곱째, 문제에 지나치게 예민하고 문제 해결에 급급해 "그가 그 본 것에 의지하여 그 육신의 생각을 따라 헛되이 과장하고"(골 2:18) 예언을 선호해 스스로 신비주의에 빠지며 다른 이도 오도할 수 있습니다.

여덟째, 고도화된 이생의 자랑, 육체의 정욕, 안목의 정욕의 죄에 속아 넘어갈 수 있습니다.

예) 물질 대가의 유혹, 명예욕, 성취욕, 지배욕

하나님께서는 끝없는 인내심을 가지고 중보기도자를 주님 닮은 작은 예수로 세워 가십니다. 질고를 아는 치유받은 치료자로, 주님의 양 무리를 사랑하는 진실된 목자의 그릇으로 다듬으십니다. 능력 있는 중보기도의 열쇠는 중보기도자가 얼마나 주님과 하나로 깊이 연합했는가에 달려 있습니다. 한 알의 밀알이 죽을 때 많은 열매를 맺습니다. 하나님은 만홀히 여김을 받지 않으십니다. 편애도 없으시고 절대적으로 공평하십니다. 주님과 한마음이 되기 위해서는 속이는 마음을 끝없이 십자가 위에서 처리해야 합니다. 이 중심 훈련이 중보기도자의 제일 중요한 기초 작업입니다. "믿음의 주요 또 온전하게 하시는 이인 예수를 바라보자 그는 그 앞에 있는 기쁨을 위하여 십자가를 참으사 부끄러움을 개의치 아니하시더니 하나님 보좌 우편에 앉으셨느니라"(히 12:2). 애꿎은 모함으로 불 위에 앉아 있습니까? 십자가 위에서 자아를 처리하십시오. 이는 중심 깊이 숨어 있는 세상을 향한 사랑을 끊어 주고, 온전히 자기한계를 뛰어넘어 자유케 하는 과정입니다.

승리의 중보기도 훈련

Self-Help

1. 성막 예배를 따른 중보기도

1) 중보자의 준비 단계

동문으로 들어감 / 자신의 깊은 골방기도, 거룩한 삶으로의 성화기도

2) 중보자의 사랑 실천 단계

번제단 / 동일시하는 회개기도

물두멍 / 작정기도, 금식 기도

성소 / 정직한 형제 사랑의 도고기도, 적극적으로 생명을 거는 기도

3) 중보자의 회복사역 단계

지성소 / 성령과 연합하는 기도, 용납, 용서하는 기도, 어두움의 세력을 깨는 선포 공격 기도, 구체적 땅밟기 선포기도

2. 하나님 나라를 회복하는 실제 전투 중보기도

1) 거룩한 축복의 땅으로 회복해야 합니다. 온갖 중독에서 자유하여 열심히 땀흘려 땅을 돌보면 황폐한 땅이 옥토가 됩니다.

2) 영적 전쟁을 위한 지역적 영적 도해도 작성이 필요합니다.

지역의 역사적 배경, 영적 조사, 영적 상황 파악

3) 영적 상황을 파악하면 하나님의 지시를 분명히 듣고 나갑니다.

4) 견고한 진을 파합니다.

- 지역을 위해 에스라의 회개기도를 드리십시오.
- 지역적 사상적 견고한 진을 파악하여 묶어 파하십시오.
- 반항심, 음란, 혈기, 비판, 배타심, 비교의식, 무리를 나누는 전통으로 뿌리박힌 견고한 죄의 진을 대적하여 승리의 말씀을 선포하십시오.
- 선한 사랑의 봉사로 견고한 적개심을 녹여 주십시오.
- 나눔의 섬김으로 불신자의 높은 문턱을 낮추어 복음이 복음으로 들어갈 수 있는 관계를 맺으십시오.

5) 온유, 사랑, 화평, 찬양, 희락의 하나님 성품을 세상에 드러내어 하나님 나라가 임하게 하십시오.

6) 왕 되신 예수님의 다스림 가운데 뭉치면 삽니다. 파워 연합 중보기도 팀은 영적 최전방 그린베레 팀입니다. 지역별 소그룹 중보기도 팀을 일으키십시오.

성품 바꾸기 기도 훈련

Self-Help

1. 말씀(하나님 성품)을 체질화하는 중보기도 훈련

1) 주님께서 하신 약속과 말씀을 꼭 붙들고 받을 때까지 끈질기게 강청합니다.
2) 진정으로 주님의 영광과 이름을 위하여 호소합니다.
3) 주님의 성품과 우리를 향한 하나님의 사랑에 호소합니다.
4) 우리가 덧입은 거룩과 순결한 예수님의 의로우심을 상기합니다.
5) 하나님의 사람들의 필요와 어려운 형편을 위해 눈물로 호소합니다.
6) 다른 이(특히 나를 핍박하는 사람)의 죄를 내 죄처럼 애통해하며 회개합니다. 환난 가운데 자아가 완전히 부서지는 상한 심령의 기도를 합니다(시 51:17).
7) 과거 인도해 주셨던 응답을 붙들고 호소합니다(시 27:9).
8) 예수님의 피와 이름의 능력을 선포하여 마귀와 대적을 물리칩니다.

2. 사명이 이끄는 중보기도자의 다림줄 기도

1) 그리스도를 삶의 왕으로 모시고 주님의 기쁨이 되기 원합니다.
2) 전심으로 온전히 성령과 연합하고 조용히 주님의 뜻을 기다립니다.
3) 주님의 말씀을 사모하고 꿀처럼 즐기길 원합니다.
4) 마음의 생각과 묵상이 주께 열납되길 소원합니다.
5) 언제나 배울 자세로 열려 있길 원합니다.
6) 나는 죽고 그리스도만을 범사에 적용하길 원합니다.
7) 세상 사랑(탐욕)에 익숙한 것을 회개하고 끊길 원합니다.
8) 그리스도를 대적하여 높아진 생각과 행동들을 바로잡아 주께 복종시킵니다.
9) 항상 기뻐하고 감사하고, 깊은 심정을 주님과 무시로 나누길 원합니다.

10) 말씀 충만, 은혜 충만, 기도 충만, 성령의 은사, 열매 충만, 담대함 충만, 덕과 지혜 충만, 사랑 충만, 섬김 충만을 열망합니다. 실천하도록 손잡아 주세요.
11) 언제나 마음대로 쓰시는 주님의 복의 통로이기 원합니다.
12) 주님만을 사랑하여 이에 모든 것을 주께 순복하여 드리길 원합니다.
13) 주님과 함께함이 나의 영광과 성공임을 붙잡고 끝까지 달리길 원합니다.
14) 주님의 살아 계심과 모든 경험한 성품들을 나누어 주고 싶습니다.
15) 처한 곳에서 빛과 소금의 삶의 전도자가 되기 원합니다.
16) 언제 누구에게라도 복음을 나눌 준비가 되길 원합니다.
17) 주님의 복음이 나로 인하여 만방에 편만히 전해지길 사모합니다.
18) 가정에서 모범과 덕이 되는 남편, 아내, 어머니, 아버지, 자녀, 형제이겠습니다.
19) 모든 만남 가운데 주님이 왕으로 임하시길 사모합니다.
20) 언제나 주님의 마음으로 이웃을 세워 주고 섬기길 원합니다.
21) 이웃에게 기쁨이 되며 필요한 사람이 되도록 섬기길 원합니다.
22) 맡은 직분, 자리를 빛내도록 충성과 덕, 지혜, 사랑이 넘치게 하소서.
23) 내게 성령이 임하신 대로 나의 예루살렘, 온 유대와 사마리아, 땅 끝까지 증인 되기 원합니다. 바짝 정신 차려 최대의 열매를 거두는 인생이고자 합니다.
24) 전 세계의 흩어진 모든 그리스도의 몸인 교회들을 사랑하여 세우기 원합니다.
25) 전 세계를 나의 교구로 품고 기도하며 권고하고 세워 주길 원합니다.
26) 하나님이 하나님 되심을 만방에 전하리이다.

음성을 들으면 은사는 섬김의 도구가 됩니다

"각 사람에게 성령을 나타내심은 유익하게 하려 하심이라" | 고전 12:7 |

영적 성숙과 은사와의 관계를 살펴봅시다. 추수할 곡식에 비례해 준비된 일꾼이 턱없이 부족합니다. 그래서 하나님께서는 영적 성숙도에 상관없이 천국 확장 사역의 무기로 성령의 은사를 모든 신자에게 골고루 알맞도록 주셨습니다. 그러나 자연적 재능이 곧 성령의 은사는 아닙니다. 많은 경우 두 가지를 하나로 혼동하기도 합니다(고전 12-14장). 많은 신자들이 자신의 은사를 잘 몰라서 묻어 둡니다. 찾아내어 바로 사용하는 것이 주신 이를 기쁘게 하는 것인데 말입니다. 모든 은사는 우열 없이 교회의 덕을 세우기 위해 조화롭게 올바로 사용되면 하늘 나라 확장에 크게 이바지합니다.

은사 자체는 중성적입니다. 부엌 칼은 맛있는 음식을 만드는 도구입니다. 그러나 살인하는 도구인 흉기로 변할 수도 있습니다. 은사를 어떻게 사용하는가에 따라 사람을 죽이기도 하고 살리기도 합니다. 은사 자체는 귀하나 은사받은 자에 따라 각양각색으로 변질될 수 있습니다.

교회의 주인은 하나님이십니다. 은사가 제대로 발휘되어 원하는 일을 해냈어도 진짜 사역자는 성령님이셨기에 하나님의 은혜일 뿐입니다. 은사와 은사자의 영적 성숙은 반드시 일치하지는 않습니다. 은사가 나타난 외적 결과에 관계없이, 영성은 우리의 중심이 은혜 안에 뿌리를 내린 깊이에 좌우됩니다. 주님은 화려한 일의 성취보다는, 얼마나 마음과 성품을 다해 전심으로 주님을 사랑하고 순종했는지 보십니다. 사람은 진정으로 사랑하는 님을 만나면 아끼지 않고 자신을 송두리째 바칩니다. 진정한 사랑에는 자신을 바치는 속성이 있습니다. 예수님이 우리를 위해 자기를 버리신 것이 제일 좋은 예입니다.

진정으로 주님을 사랑하는 사람은 환경의 변화에 영향받지 않고 늘 한결같습니다. 환경을 초월해 끝까지 달려간 요셉, 바울, 에스더를 비롯한 허다한 증인들이 있습니다. 은사는 좋은 것입니다. 그러나 은사 자체는 하나님의 선물이지 하나님이 아닙니다. 선물을 사랑하는지 그 선물 주신 하나님을 사랑하는지, 그 중심을 바로잡아야 합니다. 은사를 많이 받을수록 강훈련을 받습니다. 은사의 소중함과 그 바른 용도를 확실히 알고 건전하게 개발해 주께만 영광 돌려 드리는 은사자들이 되길 간곡히 기도합니다.

신비적 은사의 위험한 사용과 바른 사용법

"모든 것을 품위 있게 하고 질서 있게 하라"(고전 14:40).

좌로나 우로 치우쳐 잘못 사용될 가능성은 모든 은사에 있습니다. 마음을 끊임없이 겸손히 쳐 복종하지 않으면, 말씀을 깨닫는 은사를 가진 사람은 혼자 제일 잘난 독불장군 바리새인이 됩니다. 공치사를 바라고 섬기는 봉사의 은사는 반드시 큰 상처를 주고받습니다. 한국 사람은 샤머니즘적 색체가 강해 어느 종교가 들어와도 무속화합니다. 자기에게 익숙한 방법으로 믿기 때문에 유교도, 불교도, 기독교도 미신적 무속의 색채가 농후합니다. 물론 복음 자체는 신비입니다. 하지만 미신적 신비주의는 우리를 병들게 하는 잘못된 믿음입니다. 은사 목회라면 곧 신비에 속한 은사(방언, 방언 통역, 예언, 능력 행함, 축사, 신유, 영 분별 등)

를 주로 사용하는 사역으로 분류됩니다. 이러한 신비 은사를 무시하는 것도, 지나치게 사용하는 것도 모두 위험합니다. 양쪽 다 정죄할 것이 아니라 치우친 사용 방법의 실태를 확실히 알고, 주신 은사를 제대로 사용할 때 진정으로 주님께 영광을 돌립니다. 그러면 이제 위험스러운 극단 신비주의에 빠진 실태를 살펴보겠습니다.

수동적 은사 사용의 위험

무당이나 사탄 숭배자, 죽은 영과 교통하는 자들, 점치는 자들은 온갖 방법을 동원해 의식을 잃은 후 신이 내리면 거기에 완전히 지배받습니다. 들리고 보이는 대로 마치 다른 사람이 말하듯 길흉을 말합니다. 우리나라 사람들 마음 깊은 곳에는 외세 침략으로 인한 불투명한 내일에 대한 두려움이 깔려 있습니다. 그래서 미래의 안전을 보장받고 싶은 염원이, 깊이 뿌리박혀 있는 우상숭배적 기복신앙의 빌미가 됩니다.

방언 받고 열심히 사용하다 통변 은사를 받았다고 합시다. 그러다 직통 계시를 받으면 너무나 놀라고 신기해 열심히 연습합니다. 하루 종일 환상 보고, 들려오는 환청에 궁금한 것을 주거니 받거니 하면서 환각 상태까지 갑니다. 몸 안에 있는지, 몸 밖에 있는지 불분명했던 바울의 삼층천의 경험을 하기도 합니다.

그 황홀경의 기분은 대단해서 모든 생활을 제쳐놓고 종일 누워 있게도 만듭니다. 그러는 가운데 자기도 모르게 성경을 차분히 읽고 묵상하던 것이 시시해집니다. 성경 묵상을 하려면 계속 생각해야 하니 머리가 아프고 귀찮아집니다.

방언으로 기도하면 시원스레 통변으로 대답이 들리는데 구태여 말씀 읽느라 애쓸 필요가 없다고 여겨집니다. 너무나 생생히 보이고, 자세히 지시해 주니 귀에 들리는 것을 의심의 여지없이 무조건 다 하나님의 말씀으로 받습니다. 말씀이나 성경공부에 집중할 수 없지만 구태여 그에 대해 고민하고 생각할 필요를 느끼지 않습니다. 감정도 의지도 사용하지 않습니다. 이런 증상을 보인다면 정도에서 벗어난 것이니 정신 바짝 차리십시오.

하나님은 인격적인 분이십니다. 우리의 삶 속에 깊이 들어오셔서 함께 생각과 마음을 나누며 교제하기 원하십니다. 그분은 성경 말씀을 통해 자신의 뜻을 가장 확실히 전달하십니다. 자신의 눈에 보이고 들리는 것이 확실한 것 같아도 말씀의 깊은 이해 없이는 하나님의 뜻이 아닌 것을 진리로 착각할 수 있습니다. 들리는 환청의 소리를 따르지 않으면 우환이 생길까 두려워서, 황홀경의 그 격한 맛을 잊지 못해서 무조건 따르는 것은 하나님 선물을 사랑하는 우상숭배입니다. 아무리 굉장한 삼층천의 경험일지라도, 그 중심이 말씀에서 벗어나면 백해무익합니다.

신비 은사를 사용할 때 생각, 감정, 의지의 정상적 사용이 정지된 무방비 상태에서 마치 누군가 나를 조종하는 대로 움직이는 인형과도 같다고 느끼거나, 최면에 걸린 듯한 상태에서 보이고 들리는 것을 무조건 하나님 음성으로 여긴다면 마귀에게 큰 대문을 열어 주는 것입니다. 모세가 주님과 얼굴을 맞대고 대화했듯이 영성이 깊어질수록 그분의 사려 깊으신 뜻이 말씀을 통해 이해되고, 하나님과 우리 사이에 인격적으로 의견을 나눌 수 있는 상호 의사소통이 이루어집니다. 하나님의 말씀은 우리의 인격이 무시되는 일방적 명령이 아닙니다. 영성이 맑아질수록 우리의 지성, 감성, 자유의지가 더욱 활성화됩니다. 말씀에 대한 깊고 폭넓은 이해의 바탕 없이 신비의 은사를 함부로 사용하는 것은 아무것도 모르는 아이가 폭탄에 불을 붙이는 것만큼이나 위험합니다.

아무나 받기 힘든 신비한 은사를 받았습니까? 참으로 귀한 선물을 받은 것입니다. 그러니 귀한 만큼 서두르지 말고 하나님께서 기뻐하시는 대로, 하나씩 확실히 교회의 덕을 이루며 돌다리도 두드리면서 가십시오. 하나님께서 뜻이 있어 주신 은사라면 다시 뺏지 않으십니다. 적절히 사용될 때 하나님께서 분명 크게 영광받으실 것입니다. 자신을 말씀 앞에 붙들어 앉혀 기초를 든든한 말씀의 반석 위에 세우고, 주신 은사를 성숙하게 사용할 날을 대비하십시오. 은사자에게 절대적으로 필요한 것은 아브라함이 이삭을 드리는 온전한 순종입니다. 아무리 귀한 것을 받았다 해도 진정 하나님에게서 온 것 외에는 다 거두어 가시라고 단호히 십자가 위에 넘기십시오. 두렵고 떨리는 마음으로 하나님의 영광만 진정으로 구하십시오. 은사를 사용하는 중심이 기도를 통해 말씀화되어 청결해진 마음, 선한 양심, 거짓 없는 사랑에(딤전 1:5) 확실히 뿌리내리면, 조바심 내지 않아도 주께서 당신을 통해 그분의 일을 하실 것입니다.

지나친 능동적 은사 사용의 위험

위와는 반대로 지나치게 능동적으로 성령보다 앞서 가도 매우 위험합니다. 자기 비하도 자기 과신도 위험합니다. 은사를 주신 하나님의 뜻을 끝까지 순수하게 유지해야 합니다. 신비 은사를 처음 체험할 때는 두렵고 놀라워 겸손해지지만 점차 익숙해지면서 능력이 자신에게서 나온 것으로 착각하게 됩니다. 경건을 자기 유익을 위해 변질시키면 마귀의 구미에 딱 맞는 그릇이 됩니다.

지나치면 자신을 성경 속의 예언의 인물, 심지어 재림 예수로 승격시켜 다른 교인들 위에 군림하기도 합니다. 잠깐 맛본 능력을 의지해 스스로 자신을 재림 주로 착각하는 자칭 메시아가 현재 한국에 무척 많다고 들었습니다. 이쯤 되면 능력 중독이 되어 능력만 생긴다면 마귀에게 영혼도 팔 것입니다. 자신을 하나님으로 착각하면 정상적인 사고 기능이 마비되고 말초신경적 고집만 남습니다. 모든 이단들은 마치 교복을 입듯 그 문제의 핵심과 행동이 거의 비슷합니다. "음심이 가득한 눈을 가지고 범죄하기를 그치지 아니하고 굳세지 못한 영혼들을 유혹하며 탐욕에 연단된 마음을 가진 자들이니 저주의 자식이라"(벧후 2:14).

데살로니가후서 2장에서는 마지막 때의 적그리스도의 모습을 잘 보여 줍니다. "…먼저 배교하는 일이 있고…자기를 높이고 하나님의 성전에 앉아 자기를 하나님이라고 내세우느니라…악한 자의 나타남은 사탄의 활동을 따라 모든 능력과 표적과 거짓 기적과 불의의 모든 속임으로 멸망하는 자들에게 있으리니 이는 그들이 진리의 사랑을 받지 아니하여 구원함을 받지 못함이라"(살후 2:3-10).

인간은 자기 능력을 초월하는 일을 체험하면 정신이 나갑니다. 다른 사람의 삶을 투시하고, 병을 고쳐 주며, 귀신도 예수님의 이름으로 물리치니 소식을 들은 이들이 문전 성시를 이룹니다. 자기 자신을 하나님 앞에서 돌아볼 여유도 없이, 인기 강사가 되어 여기저기서 능력 은사 집회를 이끌기도 합니다. 그러다 보면 그 능력을 자신의 것으로 탐하는 욕심이 생깁니다. 탐욕에 사로잡혀 스스로 하나님의 보좌에까지 오르려합니다. 신통한 능력자라고 박수 치는 무지한 사람들의 추종이 이를 더 부채질 합니다. 능력이 자기에게서 나간 것으로 착각하여 스스로를 먼저 속입니다. 어느 중독이든 마귀가 뒤에서 발목에 족쇄를 채우고 있는 것인데, 은사 능력에 매료되면 그 중독 증세는 참으로 무섭습니다. 모든 기적은 하나님에게서 온다는 무지한 믿음을 틈타 하나님의 능력의 종으로 행세하는 저들에게 마귀는 당분간 큰 능력을 공급합니다. 이렇게 능력이 잠시 따라와도 그 인격의 열매를 보면 하나님의 역사인지 마귀의 역사인지 알 수 있습니다.

많은 이단이 기적을 행하지만 집단 유지를 위해 온갖 속임수와 악을 자행합니다. 교인들은 교주를 위한 이용 수단에 불과합니다. 먼저 사탕 몇 알 쥐어 주고, 가정, 재산 등을 야금야금 먹어 들어오다 결국 통째로 삼킵니다. 심지어는 살인도 정당화합니다. 능력이 바닥나 속일 재간이 없어지면 판단 능력을 잃은 무리를 선동하여 극단적으로 집단 자살로까지 몰아갑니다. 너도나도 다 죽습니다. 능력을 사랑하다 보면 결국은 멸망의 길인 것이 하나님의 경륜입니다. 그것이 마귀의 길이요, 능력에 현혹된 자들의 마지막인 것을 확실히 알아야 합니다. 하나님이냐 마귀냐, 자신이 어디에 줄 서 있는지 정신 바짝 차려야 합니다.

"너희는 신접한 자와 박수를 믿지 말며 그들을 추종하여 스스로 더럽히지 말라"(레 19:31).

"사람의 마음의 교만은 멸망의 선봉이요 겸손은 존귀의 길잡이니라"(잠 18:12).

"그런즉 선 줄로 생각하는 자는 넘어질까 조심하라"(고전 10:12). 방심은 금물입니다.

"모든 지킬 만한 것 중에 더욱 네 마음을 지키라 생명의 근원이 이에서 남이니라"(잠 4:23).

말씀에 대한 깊은 이해가 있을 때 바른 영 분별을 하게 됩니다. 오직 말씀만이 거짓된 마음의 진정한 의도를 분명히 밝혀 줍니다. 나아가 진정한 회개에 이르게 해서 우리를 온전케 세워 줍니다(히 4:12-13, 딤후 3:15-17). 말씀이 우리 안에 거함으로 기도 내용도 거의 말씀으로 이루어지는, 은혜와 진리가 충만한 맑은 영성의 삶을 살길 소원합니다. 혼자서는 위험합니다. 잘 이끌어 줄 지도자나 성숙한 신앙 동지를 간절히 기도하며 찾으십시오. 말씀과 기도 가운데 같이 성장해 갈 동역자 모임을 가지시기 바랍니다. 찾기가 힘들면 기도하며 삶의 전부를 나눌 수 있는 기도짝 혹은 중보기도 팀을 만들어 보십시오. 예언하는 자는 예언하는 자들의 검증을 받으며 겸손히 서로를 세워 줄 수 있기 때문입니다.

음성을 들으면 말은 살리는 약이 됩니다

복 있는 사람은 말씀을 즐거워하여 주야로 묵상하여, 어디를 찔러도 주님의 마음이 절로 튀어나오는 사람입니다. 주 안에서 하고자 하는 행사가 다 형통하는 비결은 자신이 복 있는 사람이 되는 것입니다. 심은 대로 거둡니다. 복을 심으면 복된 사람이 되고 저주를 심으면 저주의 사람이 됩니다. 야고보서와 잠언의 말씀을 보면 세상적, 정욕적, 마귀적 지혜는 시기와 다툼을 일으키고, 요란하며 편벽되고 거짓되어 모든 악한 일이 따라옵니다. 반면 하나님으로부터 온 지혜는 성결하고 화평하고, 관용하고 양순하며, 긍휼과 선한 열매가 가득하며, 하나님의 의를 구하고, 하나님께 영광 돌리는 의의 열매를 거두게 합니다. 말씀을 마음에 아로새겨 찬송과 덕스러운 격려가 넘치는 금사과의 복스러운 입이 되어 하나님 나라가 크게 일어나길 소원합니다. 매일매일 점차로 입에 파수꾼을 세우며, 듣고 말하는 일에 하나님의 사랑스런 복덩이가 되길 이제부터 함께 연습해 봅시다.

아름다운 의사소통 준비 단계

마음의 동기와 태도를 바로잡음으로 감정 조절을 합니다.

첫째, 건전한 생각이 작용할 수 있도록 흥분된 감정과 분노, 쓴 마음을 가라앉힙니다.

둘째, 자꾸 고개를 드는 자존심을 일단 접고, 이해받기보다는 이해하고자 마음을 넓혀 봅니다.

셋째, 상대방 입장에 서 보며 허물이 있는 부족한 모습 그대로를 받아 줍니다.

넷째, 속 이야기를 내놓을 수 있는 편안한 분위기를 조성합니다.

다섯째, 자기 의사를 드러내기에 급급해 하지 말고, 이 말을 하면 과연 상대방을 세워 주고 덕을 끼칠 것인지 상처를 주게 될지 사려 깊게 생각해 봅니다. 즉, 말로 표현하기 전에 그 여파를 생각합니다.

바로 들으며 바로 말하는 자세의 훈련

구체적인 성화가 이루어져야 할 시급한 영역이 귀와 혀를 사용하여 듣고 말하는 일이라고 생각합니다. 이 작은 혀로 한 사람 병신 만드는 것, 잠깐입니다. 우리의 언어 습관은 매우 중요합니다. 세우는 것은 매우 힘이 드나 참지 못해 내뱉은 독한 한 마디로 무너뜨리는 것은 순간입니다. 우리의 말은 긍정적이든 부정적이든 다른 사람의 삶의 방향을 틀어 주는 큰 역할을 합니다. 수도꼭지에서 찬물을 틀면 찬물이 나오고 더운물을 틀면 더운물이 나오듯, 우리는 마음에 가득한 것을 입이라는 통로를 통해 축복 아니면 저주의 형태로 쏟아 놓게 됩니다.

"누구든지 스스로 경건하다 생각하며 자기 혀를 재갈 물리지 아니하고 자기 마음을 속이면 이 사람의 경건은 헛것이라"(약 1:26). 긍정적이든 부정적이든 우리 입술의 말이 성숙도를 재는 척도가 됨을 기억하십시오. 효과적인 의사소통은 서로의 인격을 존중하고 세워 주려는 주님의 사랑을 바탕으로 그 표현에 사랑이 넘칠 때 가능합니다. "너희는 유혹의 욕심을 따라 썩어져 가는 구습을 따르는 옛 사람을 벗어 버리고 오직 너희의 심령이 새롭게 되어 하나님을 따라 의와 진리의 거룩함으로 지으심을 받은 새 사람을 입으라"(엡 4:22-24). 그러면 이제 벗어야 할 옛 말하기 습관과 입어야 할 새 말하기 습관을 적용해 보겠습니다. 그 기본적 원칙은 잠언 전체에서 뽑아 온 것입니다.

바로 듣는 자세법(예수님의 심정으로 듣기, 잠언 참조)

가져야 할 경청법	버려야 할 경청법
처음부터 끝까지 들어 줌	다 듣지 않고 속단, 속결 내리는 것
열심히 경청해 줌	듣는 둥 마는 둥 딴전 피움
상대의 의도하는 바대로 알아 들으려 노력함	남의 잘못을 꼬집어 내는 비난, 비판적 태도
아무리 시시해도 참고 정성껏 들어 줌	빈정거리는 눈길, 경멸의 태도
상대방과의 성격 차이점을 감안하며 들음	지나치게 냉담한 방어 태도로 상대방이 사과해 와도 사납게 밀어붙이는 태도
동의하지 않아도 끝까지 무시하지 않고 들어 줌	아예 들어 보지도 않으려고 무시하는 태도 (에그, 또 그 소리~~)
건설적인 최선책을 찾아 봄	책임 추궁하듯 사나운 공격적 태도
따뜻하게 수용하는 태도	사과를 받지 않음
기도하는 마음으로 격려할 점을 찾으며 들음	다른 사람의 말을 들어 보지도 않고 회피함

바로 말하는 자세법(예수님의 심정으로 말하기, 잠언 참조)

가져야 할 옳은 태도	고쳐야 할 틀린 태도
혼자 독점식 대화 방식에서 서로 주고 받는 핑퐁 게임식 대화 방법으로 바꿈	아무 때건 남의 말을 가로채 아무도 말 못 하도록 막아 놓고는 혼자 독점해서 말함
상대방의 인격을 존중하는 태도	들어 보지도 않고 맘대로 속단해서 대답함
끝까지 다 듣고 대답함(잠 18:13, 약 1:19)	상대 의견은 완전히 무시하고 떠오르는 즉시 하고 싶은 말을 끝까지 하는 막무가내의 태도
잘 듣고 알아들은 상대방의 의견에 관심을 보이고 적극 반응함	귀에 거슬리면 자기 주장을 관철하기 위해 혈기 부리고 소리 지름
때때로 귀에 거슬릴지라도 끝까지 들어 보고 이해 안 되는 부분을 정중히 다시 질문함	남의 약점을 이용해 감언이설로 은근히 헐뜯고 자신의 기회로 삼는 얌체 기질
남의 장점을 인정해 주고 칭찬해 줌	자신만이 옳다고 여기는 명령조, 시기심을 따라 걸고 넘어지는 말을 하고 싸움을 일으킴
상대를 세워 주고 화평을 이루려 함	상관없는 남의 말 참견, 험담 퍼뜨림
" 나는…해요" 책임지는 말투 ('I' message)	"너는…이냐?" 책임 전가, 추궁하는 비난조의 말투('You' message)
덕을 세울 점을 깊이 생각하고 대답함	빈정대고 깎아내리는 말투
진심에서 우러나는 칭찬, 격려	큰 손상을 입힐 남의 비밀을 농담스런 화젯거리로 삼거나 깎아내리는 가십
부드럽고 친절한 말씨	사납게 비꼬며 비아냥대는 말투, 남의 자존심을 깎아내리는 말투, 책임전가
자신의 잘못이 확인되면 인정, 본인에게 사과	상대 약점이나 옛날의 실수를 되뇌고 책임 추궁, 비난조의 말투, 자기 기준으로 남을 고치려는 명령조의 교만한 말투

상대가 화가 난 경우 조용히 기다림	무시하는 반말, 쌍소리, 욕지거리 혹은 묵비권 행사, 지나친 농담
부드러운 존댓말 사용, 자신이 말해서 좋을 때인지를 가려서 말함	상대와 똑같이 맞서서 빈정거림, 약 올리거나 맞소리 지르며 폭력으로 맞섬
때에 적절한 단어를 잘 선택해 말함	

4부

더불어 먹으리라

왕이 다스리는 동행(회복)

"나와 함께 여호와를 광대하시다 하며 함께 그 이름을 높이세" | 시 34:3 |

"그러나 내가 가는 길을 그가 아시나니 그가 나를 단련하신 후에는 내가 순금 같이 되어 나오리라" | 욥 23:10 |

하나님이 세상을

움직이시는 원리는 어제나 오늘이나 영원 불변합니다. 천하에 범사가 기한이 있고, 목적이 이룰 때가 있습니다(전 3:1). 전쟁고아가 어느 날 부잣집 양자가 되었습니다. 더는 허기진 배를 움켜쥐고 어디서 오늘밤을 지샐 수 있는지 고민하지 않아도 되었습니다. 멋진 옷과 지천에 널린 음식, 꿈에도 보지 못한 고급 장난감이 가득합니다. 꿈과 같은 나날이 지나갑니다. 그런데 뭔가 불편한 기분을 느끼기 시작합니다. 냄새 나고 지저분한 거리가, 아무 데서나 먹고 자던 옛날이 그리워진 것입니다. 그래서 깨끗하고 화려한 침대를 빠져 나와 마구간에서 잠을 잡니다. 지저분한 환경과 악취가 오히려 익숙하여 좋습니다. 그러나 이 아이가 끝까지 과거의 습관을 고수한다면 양부모는 그대로 두고 보지 않을 것입니다.

자신의 길을 버리고 주님을 따르겠다고 결단하여 거듭나면 삶에 엄청난 변화가 옵니다. 죽음에서 생명으로, 영벌 아래 있을 우리가 영생을 소유한 자리로 신분이 변했습니다. 예수님을 믿고 확실히 하나님의 자녀로 입양되었습니다. 그러나 이기주의의 본능이 부추기는 대로 기분 따라 살던 옛 습관이, 거룩한 하나님 자녀의 자기희생적 삶으로 쉽사리 바뀌지는 않습니다. 성화는 일생의 과업입니다. 한 번 구원은 영원한 구원입니다. 그러므로 새 생활에 쉽게 적응되지 않는다고 다시 옛날로 돌아갈 수는 없는 것입니다. 입양된 아이는 양부모를 따라야 하듯이, 우리는 광야에서 돌보시는 하나님만 바라봐야 합니다.

하나님은 우리를 구원해 주시면서 그 즉시로 우리의 죄성을 모두 없애지는 않으셨습니다. 대신 죄성을 다스릴 능력이 되시는 성령님을 주셨습니다. 우리의 능력으로는 끊임없이 밀어닥치는 죄를 다스리지 못합니다. 그리하여 절망적 한계에 이르게 되는데 이것이 성화의 기초 단계입니다.

우리의 삶은 하나님이 우리를 구원하신 후 성화시켜 가는 훈련장입니다. 구원받는 순간 우리는 성화 학교에 자동 입학이 됩니다. 그러므로 모든 환경, 사건, 만남에 우연은 없습니다. 모두가 하나님의 깊으신 경륜 가운데 일어나는 필연입니다. 어떤 사람, 어떤 사건을 만나든 각 환경에 반응하는 모습이 우리의 영적 성숙도를 보여 줍니다. 어려운 환경은 숨어 있는 우리의 모난 성격, 불같은 혈기를 다루는 도구입니다.

하나님은 우리 삶 속에 예수님이 진실로 길이 되고 진리가 되어 생명으로 뿌리내리도록 성령님을 주셨습니다. 성령님은 하나님의 영이시기에 우리를 향한 하나님의 최선을 아십니다. 넘어지기 잘하는 우리의 연약함을 아십니다. 한계 속에서 자신을 보고, 예수님을 바라보며, 이웃을 내 몸같이 사랑할 수 있는 성숙함에 이르도록 우리 마음을 계속 만지시며 주님의 마음으로 바꾸어 가십니다.

성화의 단계

성화 단계는 크게 둘로 나눌 수 있습니다. 육신의 정욕, 이생의 자랑, 안목의 정욕에 그 뿌리를 둔 나 중심의 탐욕적 삶의 내용을 내버리는 단계와, 비이기적인 하나님의 성품이 내 안에 들어와 피가 되고 살이 되어 가는 단계입니다(엡 4:22-24). 하나님께서는 우리 안에서 더러운 것들을 끄집어내 버리시고 대신 성령의 열매로 바꾸어 새롭게 하시는 작업을 계속 반복하여 충성스레 이루어 가십니다.

병자가 나으려면 제일 먼저 자신이 아프다는 사실을 인정해야 합니다. 그래야 그에 맞게 치료할 수 있습니다. 죄를 먹고 마시며 살던 우리는 오랫동안 무감각하게 살아왔습니다. 육신의 정욕, 이생의 자랑, 안목의 정욕이라는 탐욕을 따라 사는 것이 결코 정상이 아닌 절박한 중병 상태임을 깨닫는 것이 급선무입니다. 구원받은 후 성령님은 내 안에 들어오셔서 양심을 활성화하십니다. 이제까지 살아온 세상적인 가치관이 잘못임을 가차없이 지적하시니 힘듭니다. 욕망에 대한 나의 사랑과 성화시키려는 성령님의 뜻 사이에서 마음은 맹렬한 전쟁터가 됩니다. 고통 중에 하나님은 우리에게 제일 좋은 것으로 주시고자 우리를 깨끗한 그릇으로 만드시는 것이지만, 하나님의 깊으신 뜻을 헤아리지 못하면 그저 힘들고 야속할 뿐입니다.

그러나 더럽고 냄새 나는 고아 아이를 입양하면 그 모습 그대로 침대에 재울 수 없습니다. 새카맣게 때가 덕지덕지 붙은 아이를 목욕시켜서 때를 벗기고 깨끗이 하는 것은 당연한 일이지만 아이는 아프다고 울고 불고 난리를 피웁니다. 더러운 것에 익숙했던 아이에게 깨끗이 씻어 내는 일은 죽을 맛인 고난이고 시련입니다. 그러나 그것은 100퍼센트 좋은 일입니다. 잠깐의 고난은 검은 종이로 포장된 주님의 귀한 선물입니다.

고난은 동행의 초대장입니다

"너희는 유혹의 욕심을 따라 썩어져 가는 구습을 따르는 옛 사람을 벗어 버리고 오직 너희의 심령이 새롭게 되어 하나님을 따라 의와 진리의 거룩함으로 지으심을 받은 새 사람을 입으라" | 엡 4:22-24 |

철석같이 믿은 사람에게

크게 사기를 당했다 가정합시다. 돈도 돈이지만 배신감과 더불어 그 분노는 대단할 것입니다. "이럴 수가?" 노도같이 밀려드는 정죄의 생각에 사로잡힐수록 타오르는 분노를 억제하지 못합니다. 분을 이기지 못해 자제력을 잃고 문제를 일으키다 울화병에 걸리고 마침내는 중병을 얻어 쓰러질 수도 있습니다. 문제가 터질 때의 반응을 보면 중심에 자신이 붙들고 있는 우상이 드러납니다. 사람보다 물질을 사랑하는 자신을 발견하게 됩니다.

그러나 그런 고난은 물질에 대한 집착을 버리며 도저히 용납

되지 않는 정죄의 마음을, 상대의 입장에서 이해해 주고 포용하는 주님의 마음으로 바꾸시는 하나님의 훈련 작업입니다. 물질 사랑, 물질 신뢰, 정죄와 분노로 충천한 자기 의를 벗겨 내고 율법적 사람에서 사랑의 사람으로 바꾸어 주시는 하나님 은혜의 손길입니다.

억울하게 오해받고, 그 오해 때문에 분노한 사람들이 뒤에서 내게 비난과 독설을 퍼붓고 모함해 곤경에 빠져 있다면 어떻게 하겠습니까? 하나님의 사람이라면 억울함 속에서도 겸손히 자신을 돌아보는 경성의 기회로 삼을 것입니다. 하지만 새까만 자기 의의 옷을 입으면 악한 자신의 모습이 시야에 들어오지 않습니다. 자신 속에 숨어 있는 경쟁심, 급한 성질, 자기 의가 손상된 마음에서 생긴 자기 방어, 이에 대한 상대를 정죄하는 당당한 분노, 의분이라는 이름 아래 화난 상태에서 함부로 내뱉은 말들, 이로 인해 꼬이고 꼬여 들어오는 괴로운 상황들…. 하지만 하나님께서는 이렇게 말씀하십니다. "…네가 분하여 함은 어찌 됨이며 안색이 변함은 어찌 됨이냐 네가 선을 행하면 어찌 낯을 들지 못하겠느냐…죄가 너를 원하나 너는 죄를 다스릴지니라"(창 4:6-7). 하나님이 가인에게 주신 말씀 속에 모든 답이 있습니다. 하나님은 우리의 중심을 보십니다.

성막의 기구들을 보면 번제단도, 떡상도, 향단도, 언약궤도

다 조각목을 이어서 만든 것에 동 혹은 금을 입혀서 사용합니다. 동일하게 잘라진 조각목들은 하나로 붙여져야 비로소 성소의 도구로 사용할 수 있습니다. 조각목은 싯딤나무라는 가시나무로 만든 것인데, 싯딤나무는 거친 광야에서 자라 쓸모없이 무성한 억센 가시들을 완전히 잘라내야 겨우 쓸 만한 조각목 하나를 건질 수 있답니다. 하지만 싯딤나무는 거친 광야에서 자랐기에 온대 지방의 금방 썩는 나무와는 비교할 수 없는 최상의 성소 기구 재료입니다.

다른 사람들이 보기에는 아무리 사소해도 본인에게 힘들게 느껴지는 것은 모두 다 고난입니다. 인간은 자기 위치에 위협을 느끼면 불안해서 살 궁리를 마련합니다. 그런데 본인은 잘하려고 한 것이 오히려 상처를 덧나게 할 수도 있습니다. 자기 의라는 것은 죽을 힘을 다해 붙들수록 더욱 억세져 남을 찔러 죽이기까지 할 수 있는 가시나무의 가시와도 같습니다. 모든 고난은 좁디 좁은 나의 편협함으로 남을 찌르는 날카로운 가시들이 잘라내지고 하나님의 성막에서 쓰임받는 조각목으로 만들어지는 필수 과정입니다. 고난당하고 있다면, 하나님께서 내 마음의 지경을 모든 죄인을 품는 주님의 심정으로 넓히는 복에 복을 더하시는 중이라 생각하십시오.

깊이 회개하며 삶의 주인이신 하나님을 신뢰하면, 세상에서 고난을 당해도 화를 복으로 바꾸어 주시는 하나님을 깊이 체험할 것입니다. 연단 당시에는 고통스럽고 죽을 것 같지만 고난을 통과하면 우리 주님의 마음을 소유하여 마음의 지경이 넓어지는 상을 받습니다. 성령님이 지혜와 계시의 정신을 주시어 하나님께서 구체적으로 다듬고 계신 부분들의 사랑의 계획이 이해되도록, 오늘의 괴로움이 성숙된 내일의 디딤돌임이 보여져 감사하도록 성령님께 힘을 다해 매달리십시오.

고난의 광야 학교를 얼마나 우수한 성적으로 졸업했는지는 모자르고 뒤틀린 성품들이 잘려 나가고 주님의 성품들이 내 안에 들어와 삶 가운데 맺혀지는 성령의 열매에 비례합니다. 환난은 인내를, 인내는 연단을, 연단은 하나님의 사랑이 부어진 성령의 소망을 갖게 해 줍니다(롬 5:3-5). 하나님을 전심으로 신뢰하고 사랑함이 고난을 승리의 기회로 만드는 힘입니다. 고난 자체는 재미없고 훈련은 고달파도 주님의 모습으로 변화할 자신을 기뻐하며 주님과 함께 승리를 누리십시오. 고난은 하나님과 함께 가자고 부르시는 동행의 초대장입니다.

고난을 통해 하나님의 마음을 아는 시선정리 훈련

Self-Help

나의 고난은 나를 향한 하나님의 심정의 거울과도 같습니다.

시선정리 1: 죄를 지어 죄의식으로 괴로워 허우적거릴 때

내 안에서 거룩을 보고픈 하나님께서는 내가 죄를 범하여 죄의식으로 괴로워함보다 더 마음 아파하십니다.

시선정리 2: 남의 잘못이 크게 보여 비판하며 분노가 치미는 고난에 시달릴 때

남이 잘못하고 있는 것을 내가 싫어하고 내 방식으로 움직이려고 애쓰는 것과 같이 하나님을 떠나 내멋대로 모나게 사는 것을 하나님께서는 너무도 싫어하십니다.

시선정리 3: 중독으로 괴로워할 때

하나님께서는 우리의 몸을 거룩한 성전 삼아 동행하고 싶으신데, 중독으로 몸과 마음이 더러워지면 우리에게 가까이할 수 없어 안타까워하십니다. 그래서 그 원인인 중독에 대해 시기하고 분노하니 회개하고 돌아오라는 초청장을 괴로움의 형태로 보내시는 것입니다.

시선정리 4: 배반당해서, 혹은 손실, 실패로 좌절해 우울증에 빠져 괴로울 때

그런 모습을 보시는 하나님의 마음은 너무도 아프십니다. 현재의 괴로움은 자신의 한계를 인정하고 나를 만드시고 사랑하는 아버지 하나님을 바라보고 일어나라는 하나님의 음성입니다.

예배는 동행하는 태도입니다

"그런즉 너희가 먹든지 마시든지 무엇을 하든지 다 하나님의 영광을 위하여 하라"
| 고전 10:31 |

하나님은 "영과 진리로" 예배하는 자를 찾으십니다(요 4:23). 또 하나님은 제물보다 주님 앞에 깨어지고 통회하는 상한 심령을 구하십니다(시 51:17). 영과 진리의 예배는 무엇입니까? 제물보다 구하시는 상한 심령은 무엇입니까?

얼마 전 친정어머니가 저희 집을 방문하셨습니다. 미국 생활 28년 만에 처음으로 어머니와 긴 시간을 보낼 수 있었습니다. 아무리 말려도 막무가내로 설거지에, 집안 청소에, 손에 물이 마를 새가 없이 움직이셨습니다. 당신이 해 줄 수 있는 것은 집안 살림뿐이라 생각하셨는지 80세 노구를 이끌고 씩씩하게 이 못난 딸을 그저 섬기셨습니다. 자녀를 향한 지극 정성은, 말씀 그대로 자신을 잊고 섬기는 헌신의 본이었습니다. 그저 주고 싶기만 한 것이 부모 마음입니다.

그러나 제가 이렇게 감격하는 어머니의 사랑은 우리를 향한 하나님의 사랑에 비하면 태양에 반사되는 달빛에 불과합니다. 저를 향한 어머니의 맹목적인 헌신에 끊임없이 감격하는 것은 저의 진심입니다. 마땅히 감사해야 하기 때문에 감격하는 것이 아닙니다. 지금 이 고백 속에 바로 '영과 진리의 예배' 요소가 다 들어 있습니다. 자식에게 생명을 내놓는 어머니의 사랑! 그 사랑의 순간순간을 돌아보며 감격하는 딸! 끝없는 사랑에 대한 감격이 우리 두 모녀의 마음을 하나 되게 합니다. 우리 인간에게 주신 여러 사랑의 모형은 하나님 아버지께서 우리와 하나 되어 누리기 원하시는 깊은 사랑의 관계의 모습을 이해하는 데 도움이 됩니다.

첫아이를 대학에 보내고 떨어져 지내게 되니 얼마나 보고 싶던지 연인을 그리던 상사병과는 비교가 되지 않을 정도였습니다. 사실 아이는 아주 잘 지내고 있는데, 엄마가 아이 없는 빈 둥지에서 어쩔 줄 모르고 있었습니다. 그때는 이메일이 아직 보편화되지 않아 일 년 동안 거의 매일 큐티와 더불어 사랑의 편지를 써 보냈습니다. 그것도 모자라 겨우 동네 한 바퀴 돌 정도의 서툰 운전 실력으로 2시간 거리를 목숨 걸고(?) 고속도로도 막 바꿔 타며 아이를 보러 갔습니다. 제 운전 실력으로는 도저히 상상할 수 없는 일이었습니다. 잠깐 얼굴 보려고 좋아하는 음식을 싸 들고 달려가며 법석을 떨었습니다. 사랑에는 자신을 잊고 용기를 주는 힘이 있습니다. 그리고 받는 사랑보다는 주는 사랑, 특히 자녀를 향한 사랑이 가장 위대합니다. 자식을 위해서는 무조건 자신을 주는 어머니의 사랑을 경험하며, 우리를 향한 하나님의 사랑은 정말 얼마나 클까 생각하니 가슴이 저렸습니다.

교회에서는 여러 이름의 예배 의식이 거행됩니다. 그러나 과연 그 모든 예배를 주님이 일일이 기뻐 받으셨을지 궁금합니다. 영과 진리의 예배는 어떤 눈에 보이는 행위나 행사가 아닙니다. 예배는 하나님을 알아 가며 깊어지는 사랑의 관계입니다. 교회에 가서 자리나 데우다 오는 것은, 예배를 구경한 것이지 예배를 드린 것이 아닙니다.

인생은 참으로 빠르고 짧습니다. 죽으면 다 없어질 세상 것에 쏟는 정성만큼이라도 예배에 마음을 다하길 바랍니다. 보이지 않는 지성소는 우리 자신의 마음입니다. 하나님은 무엇에게 마음을 주고 있는지 중심을 보십니다. 하나님을 향한 태도, 이웃을 향한 행동이 예배의 성패를 좌우합니다. 주님의 성품이 삶 속에서 흘러나와야 예배에 성공한 것입니다. 주님이 마음의 왕으로 다스리시면 모든 삶의 현장이 주님의 성전으로 변합니다.

아내가 남편을 교회가 그리스도께 순복하듯, 남편이 아내를 그리스도가 교회를 사랑하시듯 사랑으로 섬길 수만 있다면 그 가정은 아름다운 주님의 성전이 됩니다. 존경과 사랑이 어우러지는 부부 성전, 자녀들과 함께 누리는 가정 성전, 이웃 성전, 직장 성전으로 이루어진 세상의 성전이 있습니다. 월요일부터 토요일까지 이 세상의 성전에서 주님과 더불어 먹든지 마시든지 주의 영광을 구하며 살다가, 주일이면 온 성도가 교회 성전에 모여 주님의 은혜를 함께 찬양하고 영광을 돌려드리며 다시 세상의 성전으로 흩어져야 합니다. 세상의 성전은 받은 은혜를 풀어 놓는 곳이고, 교회 성전은 은혜를 받고 재충전하는 곳입니다. 충전이 제대로 되어야 건전지를 사용할 수 있듯이 교회 성전에서 드리는 예배의 성공은 매우 중요합니다. 또 교회 성전의 성공적인 예배는 세상 속에 있는 성전의 모델이 됩니다.

영과 진리의 예배 대상은 누구인가?

모든 예배의 대상은 오직 하나님이십니다. 우리 눈에 보이지 않아도 주님의 눈은 언제 어디서나 우리를 보고 계십니다. 예배는 사람들에게 보이기 위한 쇼(show)가 아닙니다. 대부분 사람들은 사회자의 지시에 따라서 앉아 있다 오면 예배를 봤다고 생각합니다. 그야말로 몇 사람이 주관하는 예배를 눈으로 '보아 준' 것입니다. 요즘은 더욱이 많은 사람의 흥미와 관심을 유발해 하나님 앞으로 데리고 오겠다는 좋은 의도로 여러 방법을 예배에 가미합니다. 큰 박수와 더불어 목소리를 높이고 온몸으로 드리는 즐겁고 신나는 찬양, 워십댄스(worship dance)같이 몸으로 드리는 경배가 포함된 현대식 예배, 아니면 전통적인 거룩하고 조용한 예배 등이 있습니다.

각 교회의 전통에 따라 순서와 방법은 조금씩 다를지라도 그 정신과 태도만은 같아야 합니다. 하나님이 기뻐 받으시는 예배를 과연 드렸는가, 이것이 문제입니다. 예배는 보는 것이 아닙니다. 예배는 자신을 진정으로 내어놓는 산 제사입니다. 예배에 참여하는 모든 사람이 진정한 예배자인가 아닌가에 따라 예배의 질이 좌우됩니다. 사람을 기쁘게 하는, 사람을 위한 위로의 공연인가? 아니면 하나님의 은혜에 감격하여 드리는 예배이며 모든 것이 하나님의 영광에 초점이 맞추어져 있는가? 이것이 진정한 예배를 진단하는 질문입니다.

에스라와 그 회중의 예배

에스라서 2장을 보면 이스라엘 백성들이 2차에 걸쳐 본토로 귀환합니다. 힘들게 귀환하여 성전을 재건축하는데 대적의 방해로 많은 곤란을 겪습니다. 그런 와중에 사람들은 이방 여인들과 결혼하며 세상에 물듭니다. 에스라는 제사장들이 앞장서 깊이 세속화한 죄를 알게 됩니다. 이 일을 들은 에스라는 저들을 정죄하지 않고 속옷과 겉옷을 찢고 머리털과 수염을 뜯으며 무릎 꿇고 조상의 죄까지 자기 죄로 내어놓고 하나님 전에 엎드려 울며 기도하고 죄를 자백합니다. 저들의 죄를 근심하여 물도 한 방울 마시지 않고 금식하며 통회합니다. 그의 책임지는 철저한 통회가 마침내 회중에게까지 파급됩니다. 이방 여인들과 결혼한 자들이 은혜받아 스스로 단호히 여인들을 정리하고 전폭적으로 여호와께 돌아오는 대각성의 열매가 맺힙니다.

에스라서를 읽을 때마다, 발달한 물질문명의 노예로 전락해 퇴색되어 가는 조국의 현실을 내 죄로 통회하며 책임지는 참된 주님의 사자들을 일으켜 달라는 눈물의 기도가 나옵니다. 요즘 교인의 이동으로 큰 교회는 더 커지고 작은 교회는 더욱 힘겨워지며 전체적으로 교인의 숫자가 감소하고 있습니다. 크기에 상관없이 교인 숫자 불리는 외형적 부흥을 지향하여 너도나도 성공 사역에 매진합니다. 이로 인해 파생되는 육신적 죄의 악취가 교계에 넘칩니다.

우연히 방문한 동네 교회 목사님이 구역장들에게 목표에 미달했다고 고래고래 소리 지르고 혈기 부리는 것을 보고, 가슴이 미어져 통곡의 기도를 드린 적이 있습니다. "너희가 내 앞에 보이러 오니 이것을 누가 너희에게 요구하였느냐 내 마당만 밟을 뿐이니라 헛된 제물을 다시 가져오지 말라 분향은 내가 가증히 여기는 바요 월삭과 안식일과 대회로 모이는 것도 그러하니 성회와 아울러 악을 행하는 것을 내가 견디지 못하겠노라"(사 1:12-13).

주님이 지금 재림하신다면 당신의 교회에는 주님을 모실 자리가 있습니까? "마라나타! 아멘 주여, 어서 오시옵소서!" 하고 환영할 수 있습니까? 당신의 매일의 삶 속에서 주님의 모습이 나타납니까? 혹시 경건의 능력과 주님의 모습은 간 곳 없고, 거룩의 껍데기만 남은 현대판 바리새인은 아닙니까? 매일의 삶을 주님께 드리는 영과 진리의 예배자가 되십시오. 지금은 십자가의 고난을 아는 남은 자들이 합심해 통회하고 주의 이름을 부를 때입니다. "애통하는 자는 복이 있나니 그들이 위로를 받을 것임이요"(마 5:4). 에스라와 같은 영과 진리의 산 예배자들이 많이 일어나는 곳에 은혜의 물결, 대각성의 축복이 임할 것입니다.

Self-Help

1. 아침에 눈을 뜨며 간밤에 지켜 주시고 새날 특히 주의 백성들이 모여 함께 예배드릴 시간을 기뻐하며 기대합니다.
2. 그날의 말씀 묵상과 주일 예배를 위한 중보기도 중심의 큐티로 하루를 시작합니다.
3. 자신을 위해 겸손히 주기도문 묵상기도로 마음의 중심을 살펴보고 은혜가 임하도록 합니다.
4. 그날 교회에서 맡은 일을 준비하고 점검합니다.
5. 예배당에 들어가는 순간까지 마귀가 틈타 누구도 시험받지 않도록 서로 조심하며 주님께 모든 초점을 맞춥니다.
6. 그날 교회에 모인 모든 성도가 집중해 주님을 만나기를 간절히 기도합니다.
7. 순서가 진행됨에 따라 모두 함께 기도하며 적극적인 예배(assertive worship)를 드립니다.

case 1: 예배자가 인도자(사회자, 설교자, 기도 인도, 찬양대)인 경우

- 실질적인 예배 인도자는 성령님이심을 기억하고 성령님의 절대 인도를 간구합니다. 모든 순서가 다 예배입니다. 어느 순서도 다음 차례를 위한 준비가 아닙니다.
- 인도자는 하나님의 은혜를 전달하는 도구입니다. 자신이 맡은 순서 자체가 우선 하나님께 드리는 감격의 예배가 되어야 합니다. 은혜를 전달하는 자의 위치에서 벗어나 개인의 육신에서 나오는 생각과 더불어 율법적인 권리 남용의 죄를 범하지 않도록 주의해야 합니다.
- 은혜가 율법적 행위로 퇴색하는 것은 순간입니다. 그러므로 인도자들은 마음과 정성과 힘을 다해 자신을 은혜 가운데로 밀어 넣어야 합니다. 인도자 자신들이 감격으로 드린 예배의 파장이 모든 회중의 가슴

에 뜨겁게 연결될 때 주님께서 풍성한 은혜 가운데 임하십니다. 생명을 거는 각오로 간절하게 겸손히 하나님의 임재를 구하십시오.

case 2: 예배자가 피인도자(회중의 한 사람)인 경우

- 대표 기도자가 기도할 때 본인 기도의 내용을 진심으로 주님께 온전히 드리고, 주님이 기뻐 받으시길 간절히 기도하며 아멘으로 화답합니다.
- 목사님이 전하는 말씀을 주님이 자신에게 주시는 말씀으로 스스로 아멘 하며 은혜로 받은 후, 목사님과 다른 성도들을 위해 중보기도하며, 말씀을 아멘으로 가슴속 깊이 간직합니다.
- 찬양할 때 찬양 대원들이 진심으로 찬양, 경배하기를 중보기도하며 마음속으로 찬양의 가사를 아멘으로 화답합니다.
- 모든 순서마다 크신 성령의 기름 부으심이 임하길 기도합니다(중보기도가 온전히 상달될 때 성령의 기름이 인도자들에게 흘러내립니다).

8. 집에 돌아가 잠자리에 누울 때까지 예배의 연속임을 기억하며, 친교 시간에 격려하고 위로할 사람을 돌보며 받은 은혜를 잘 유지하도록 합니다. 뒷정리하고 청소하는 가운데 주님의 임재 가득한 섬기는 예배를 계속 드립니다.
9. 잠들기 전 감사기도로 그날의 예배를 완성합니다.

하나님의 안식을 누림이 동행의 힘입니다

"온유한 자는 복이 있나니 그들이 땅을 기업으로 받을 것임이요" | 마 5:5 |

쉴 틈 없이 바쁘게 움직이는 것이 곧 내가 살아 있다는 증거라도 되듯, 현대인은 분주함이라는 병에 걸려 있습니다. 하지만 기계조차도 잠시 쉬어 주지 않고 완전가동을 한다면 얼마 가지 않아 고장 나서 못 쓰게 됩니다. 레크리에이션이란 단어는 RE(다시)와 CREATION(창조)의 합성어입니다. 다시 창조하는 힘을 목표로 하는 것이 바로 레크리에이션입니다. 그런데 쉴 새 없이 돌아가는 일상적인 일에서 잠시 떠나 몸과 마음의 초점을 바꿔 주는 내일을 위한 휴식이어야 할 레크리에이션이 그만 오락으로 변질되었습니다.

하나님은 인간을 열심히 일하는 것과 쉼이 제대로 균형을 이루어야 건강한 상태를 유지하도록 만드셨습니다. 그리하여 생육하고 번성하며 충만하여 이 땅을 돌보는 자로 삶을 누리도록 하셨습니다. 최선의 삶을 누리는 것이 우리에게 내려 주신 하나님의 복입니다. 그런데 우리는 일하는 것도 쉬는 것도 제대로 균형을 맞추지 못하고 편식합니다. 심은 대로 거두는 하나님의 경영법대로 주신 복을 누리는 이가 극소수입니다.

선악과를 따 먹은 후 인간은 스스로 자기의 생존을 책임져야 하는 당면 문제를 안게 되었습니다. 수치심, 불안감, 두려움을 가리려고 무화과 잎을 따서 자신을 가리려 안간힘을 다하는 행위구원(doing)에 빠지는 것이 모든 세상 인간들의 삶을 살아가는 방식이 되었습니다. 열심이라고 다 좋은 것만은 아닙니다. 평화를 추구한다는 명목 아래 전쟁을 도발해 싸우다가는 본인이 죽임당하기 십상입니다. 자기가 하고 싶은 것만 골라서 편식하는 인간의 습성에 따라 일중독이 되거나 육신의 말초신경을 즐겁게 하는 향략 중독에 빠져 스스로 진을 빼는 불행한 이가 즐비합니다. 생수의 근원 되신 하나님을 외면하고 물을 저축치 못하는 터진 웅덩이를 판 결과, 애쓸수록 원하는 평안은 놓치고 더욱 깊은 좌절로 빠져들게 되기 때문입니다.

모세는 애굽의 왕자에서 광야의 양치기로 변신해 세상을 등

지다 하나님의 부르심을 받아 등 떠밀려 사명을 받고 애굽으로 돌아옵니다. 한 발 한 발 살얼음판을 딛는 듯한 출애굽 사역을 그저 하나님 앞에 엎드리어 전폭적으로 그분만을 바라보며 감당했습니다. 그 많은 이들을 먹이고 입히고 재우는 일보다는 입만 열면 불평거리를 폭포수같이 쏟아내는 저들의 원망과 싸우는 일이 더 고되었습니다. 평안은 불만, 불평과 결코 함께할 수 없습니다. 아무리 정정당당한 불평이라도 사나운 혈기가 충천하면, 주님은 우리에게 평안은 물론 아무것도 주실 수 없으십니다. 불만에 찬 눈에는 산 넘어 산, 또 산만 보일 뿐입니다.

40년 광야의 괴로움은 이스라엘의 불평의 농도와 같습니다. 광야 생활은 인간 노력의 절대 한계를 절감하고, 하나님의 은혜를 체험하고 하나님과 가까워지는 축복의 기회였습니다. 그러나 대부분은 고통 뒤에 숨은 하나님 사랑의 손길을 찾지 않고, 코앞에 들이닥친 고통만 싫다고 죽기 살기로 반항했습니다. 불평하던 광야의 1세대들은 결국 먼 산만 바라보다 제풀에 눌려 생을 마감했습니다.

사실 백성들은 어려울 때마다 난리 치면 그만입니다. 그러나 그 많은 사람의 의식주를 책임져야 하는 문제, 화가 난 저들을 달래어 약속의 땅으로 데리고 가야 하는 그 무거운 짐은 인간 혼자의 힘으로는 짊어지기 불가능했습니다. 지도자 모세는 문제가 몰려올 때마다 피하지 않고 하나님께 생명을 걸고 매달렸습니다. 힘을 보태 주어도 부족할 때인데 백성들은 오히려 책임지라고 따지며 달려들고 분을 품습니다. 모세가 도무지 사랑스럽지 않은 자기 백성을 끌어안으며 진이 빠져 주님 앞에 와 쓰러지면 주님께서 매번 나서서 해결해 주셨습니다.

진 빼는 광야 목회에서 하나님만 40년간 바라보며 줄곧 그렇게 속이 썩고 썩다 보니 사람을 때려 죽이던 왕년의 혈기는 어느새 사라졌습니다. 만능 해결사의 기적을 맛보며 길이 참으시는 사랑의 심장을 내 심장에 이식하여, 마침내 지면에 모세만큼 온유함이 승한 자가 없을 정도로 하나님의 온유한 성품이 그에게 크게 임했습니다. 모세 자신에게 임한 사랑이 애통으로 변하여 주님의 심장이 그의 것으로 하나 되었습니다. 그리하여 인간적인 기대치에서 오는 분노들과 모든 정죄를 내려놓고 자녀의 행복만을 구하는 아비의 온유한 심정으로 자유케 되었습니다. 불평하는 백성들은 언제나 널려 있지만 혈기 충천하던 이전과는 달리 주님의 만져주심을 경험한 후 모세의 얼굴에서는 광채가 나고 그 인격과 심성이 주님의 모습으로 바뀌었습니다. 하나님의 형상(성품)으로 생육하고 번성하고 충만하여 이 세상을 잘 돌보는 자가 된 것입니다. 자신의 모습이 이처럼 그 안에 드러남을 바라보는 하나님의 기쁨이 내 안에 충만할 때 우리는 곧 하나님의 안식 가운데 들어가는 것입니다.

하나님이 그 지으신 모든 것을 보시니 보시기에 심히 좋아 안식하시고 그날을 복주셨습니다. 하나님의 안식과 사람의 쉼은 질적으로 다릅니다. 하나님이 뜻하신 대로 창조를 완성하시고 제대로 유지되는 것을 보시는 기쁨이 하나님의 안식입니다. 반면 육체가 곤하여 내일의 힘을 재충전하기 위해 쉬는 것은 인간의 쉼입니다. 그러나 육체가 쉬어 주는 것만으로는 충분하지 못합니다. 영 · 혼 · 육이 다 온전한 쉼으로 재충전을 받아야 인간은 웰빙을 유지할 수 있습니다. 모든 육신의 병도 마음 상태와 직결됩니다. 마음이 하나님이 부어 주시는 평안의 상태를 유지하는 것이 웰빙의 열쇠입니다. 마음을 그리스도의 평강으로 지켜 내는 비결은 하나님의 안식의 힘을 덧입는 것입니다.

"주 여호와 이스라엘의 거룩하신 이가 이같이 말씀하시되 너희가 돌이켜 조용히 있어야 구원을 얻을 것이요 잠잠하고 신뢰하여야 힘을 얻을 것이거늘"(사 30:15). 말씀대로 우리 하나님의 주권 아래, 비록 내 눈에 재미없어 보여도 조용히 주인 되시는 하나님을 의지하고 기다리면 구원을 얻게 될 것입니다. 그러므로 모든 마음속의 시끄러운 염려의 잡음을 끄고 잠잠히 주인 되신 하나님을 신뢰할 때 힘을 얻습니다. 당장은 문제가 터지면 무언가 해야 할 터인데, 하나님은 당신을 신뢰하고 잠잠히 하나님의 구원의 때까지 기다리라 권고하십니다.

낙타가 매일 아침 주인 앞에 무릎을 꿇으면, 주인이 그날의 짐을 싣고 일을 봅니다. 저녁이 되어 일을 마치면 다시 한 번 낙타가 무릎을 꿇고 주인과 주인의 짐 보따리를 내려놓습니다. 낙타의 할 일은 아침저녁으로 무릎 꿇고 주인이 가는 대로 그대로 따라만 가면 되는 것입니다. 우리의 할 일은 낙타처럼 아침저녁 무릎 꿇고, 주인 되신 우리 주님을 온전히 신뢰하여 편안히 인도하시는 대로 따라가는 것입니다. 낙타가 주인의 말을 듣지 않으면 주인은 낭패를 봅니다.

사막에서 낙타가 꼭 필요하듯이, 이 사막 같은 세상에서 길들여진 낙타같이 말씀에 순복하는 일꾼을 주님은 꼭 필요로 하십니다. 서로 길들여져 하나 되면, 짐승과 사람과의 관계에서도 큰 일을 해냅니다. 하물며 인격체인 우리가 주님을 깊이 알고 사랑함으로 온전히 주님과 하나 된다면, 우리의 발길 닿는 모든 곳이 곧 주님이 크게 역사하시는 사역지가 될 것입니다. doing(외적 행위)을 선호하는 세상 삶의 방식을 being(성품)을 중시하는 하나님의 방식, 즉 하나님을 잠잠히 기다림으로 마음속을 예수님의 평안이 주장하게 하여 성령의 열매로 하나님의 성품이 덧입혀져 온유가 넘치는 존재가 되는 것이 이 세상을 이기는 비결입니다.

잘 익은 사과를 고르려면 열매를 싸고 있는 빨갛고 싱싱한 껍질의 상태를 보면 됩니다. 성품의 사과 껍질은 바로 주님의 온유하신 성품입니다. 지면에 온유함이 승하던 모세, 자신을 노예로 판 형제들을 먹이고 입히고 돌본 요셉, 자신을 돌로 쳐 죽이는 이들을 용서해 주기를 간청하던 스데반, 쓸모없는 죄인들을 위해 스스로 생명을 주신 예수님의 모습 속에서 온유함의 위력을 봅니다. 믿음도 소망도 끝난 마지막에는 사랑만 남습니다. 행복한 자만이 다른 이를 행복하게 할 힘이 있습니다. 하나님을 신뢰하고 사랑하여 하나님의 안식에 들어간 자에게 하나님의 사랑의 심장이 이식됩니다. 이식된 주님의 긍휼하신 사랑이 나의 마음을 주장하면 그 가운데 희락, 화평, 온갖 선함과 자비함으로 절제하고 끝까지 인내하며, 어느 누구라도 편히 다가올 수 있는 온유한 성품의 열매가 맺어집니다. 천국이 내 속에 이루어지는 것은 아련한 꿈이 절대 아닙니다. 포도나무이신 예수님 안에 거하는 사람이 과실을 많이 맺는다는 것은, 약속을 믿고 따르는 모든 사람에게 보장된 하나님의 약속입니다. 온유한 주님의 성품을 덧입는 것이 곧 하늘의 상입니다.

하나님의 주권 아래 그분의 사랑받는 백성이 되어 하나님의 안식이 내 안에 들어옴이 하나님의 성품을 덧입는 비결입니다. 복 있는 사람은 주인 되신 하나님의 말씀을 즐거워하여 밤낮으로 말씀을 감격으로 받는 자입니다.

한여름 아침 뒷마당에 나가면 나를 맞는 분홍색 나팔꽃…커피 한 잔을 들고 나가 마당 의자에 앉아 말씀을 읽으며 큐티를 하고 있노라면 어디선가 날아드는 신기한 나비들, 지저귀는 새들…자랑스레 활짝 핀 꽃 주위를 넘나들며 즐기는 저들을 바라보면 저들의 누림을 기뻐하는 하나님 아버지의 흐뭇한 미소와 하나 되어, 마음 깊은 곳에서부터 기쁨의 노래와 춤이 어우러집니다. 말씀 묵상과 하나님 솜씨 묵상이 하나님 성품 묵상으로 이어져 주님의 모든 것을 기뻐하는 기쁨의 노래로 충만해집니다. 오직 주님의 깊고 섬세한 사랑이 저를 만져주시니 마음을 넘어뜨리려는 온갖 상념도, 모든 세상 근심도 염려도 다 그 안에서 녹아 버립니다. 세상은 간 곳 없고 그분의 온유하신 성품이 평안의 강 위에 미끄럼치듯 제 마음의 지성소에 임하시니 마음이 따뜻하고 행복합니다.

그래서 우리 주님은 수고하고 짐 진 자들과 제 풀에 지치고 곤한 영혼을 부르십니다. 그리고 내 짐은 가볍다고 말씀하시지요. 주님이 나의 왕으로 마음을 다스려 주장하시면 그 많던 적군이 다 내가 돌보아 주어야 할 나의 형제로 변합니다. 주님이 돌보시는 양이 곧 나의 섬길 양이 되니까요. 나는 그저 섬기는 사람, 주님의 심장으로 사는 사람, 영과 진리로 예배드리는 사람이 됩니다.

온유한 자에게는 땅을 차지하는 축복이 임합니다. 오늘도 주께서 주위에 두신 성난 고슴도치 같은 이들을 온유한 주님의 심정으로 잘 돌보아 메마른 심령을 녹이고 그들의 마음 밭을 행복 넘치는 하나님 나라로 갈아엎길 축복합니다.

주인 바꾸기 성품훈련

Self-Help

내가 사랑할 주님은 어느 곳에 어떤 모습으로 계실까요? 주님은 사실 가장 열악한 모습으로 우리의 사랑을 기다리고 계십니다. 인생 중 여러 모습의 만남들은 우리가 거룩하신 주님과 누릴 신혼의 한 페이지들입니다. 주님이 주권적으로 다스리심을 믿음의 눈으로 바라볼 때 약속대로 그분은 우리 삶 속에 임하십니다. "…누구든지 내 음성을 듣고 문을 열면 내가 그에게로 들어가 그와 더불어 먹고 그는 나와 더불어 먹으리라"(계 3:20).

주인 바꾸기 성품 훈련 1

처한 상황: 교회에 가난하고 비천한 사람이 들어왔을 때

하나님의 중심 훈련: 우리가 외모로 사람을 보는지 떠보시는 것입니다. 그를 무시하고 따돌린다면 주님도 내가 외롭고 어려울 때 외면하실 것입니다. 그를 정성껏 돌봐 주면 확실한 주의 사람이 됩니다. 교만을 미워하고 겸손을 사랑하시는 하나님의 성품을 경험합니다.

주인 바꾸기 성품 훈련 2

처한 상황: 선을 악으로 갚는 억울한 일을 당할 때

하나님의 중심 훈련: 우리가 그러한 환경에서 악을 악으로 대하는지, 악을 선으로 이기는지, 주님의 성품을 따르는지 시험하시는 것입니다. 세상과 역행해 악을 선으로 갚으면 큰 상을 받습니다. 땅에서 풀어 놓으니 하늘에서도 풀립니다. 양심이 자유합니다. 은혜 가운데 주님의 평안과 기쁨이 넘치고 감격이 풍성합니다. 결국 하나님을 사랑하는 사람에게는 모든 것이 합력하여 선이 이루어집니다. 신실함을 기뻐하시고 공의로 판단하시는 하나님의 임재를 경험합니다.

주인 바꾸기 성품 훈련 3

처한 상황: 갑자기 직장에서 해고당했거나 엄청난 물질의 타격을 입었을 때

하나님의 중심 훈련: 주님이 책임지시는 것을 통해 예수님이 우리 삶의 왕으로 임하십니다. 물질은 우리 삶의 필수품입니다. 그러나 거기에 자신을 전부 의탁할 만큼 안전하지 않음을 가르쳐 주십니다. 우리의 영원한 피난처, 방패, 산성이며 우리가 의지할 곳은 오직 주님이라는 것을 깨닫습니다. 여호와 이레의 하나님을 경험합니다. 주권자 하나님을 바라볼 때 천국 소망이 굳건해져 삶의 중심이 바로잡히고, 감격이 충만한 은혜의 삶을 누립니다.

주인 바꾸기 성품 훈련 4

처한 상황: 갑작스레 불치병이 걸렸거나 치명적인 사고를 당했을 때

하나님의 중심 훈련: 자신의 힘을 결코 의지할 수 없는 광야 학교입니다. 광야 학교를 지날 때 모든 삶의 가치관이 재조정됩니다. 가치관에 따라 우선 순위도 조정됩니다. 삶의 극한 상황에서 살아계신 하나님을 뜨겁게 만날 수 있습니다. 이제까지 모르던 영적인 풍성한 세계가 열리는 참 행복으로 가는 초대입니다. 함께하시고 구체적이며 사려 깊으신, 포근히 품어 주고 치유해 주시는 깊은 사랑의 하나님, 그 은혜의 임재 속에 들어갑니다.

주인 바꾸기 성품 훈련 5

처한 상황: 어려운 사역으로 도저히 감당 못할 탈진이 올 때

하나님의 중심 훈련: 주님의 사랑을 더불어 나누는 주님의 신부 되는 훈련입니다. "…환난은 인내를, 인내는 연단을, 연단은 소망을 이루는 줄 앎이로다 소망이 우리를 부끄럽게 하지 아니함은 우리에게 주신 성령으로 말미암아 하나님의 사랑이 우리 마음에 부은 바 됨이니"(롬 5:3–5). 탈진할 때마다 믿음을 성숙시켜 주시는 성령님의 사역이 내 안에 진행되고 있음을 기억하십시오. 환난은 육신의 혈기를 뽑는 과정이고, 인내는 주님의 성품이

내 안에 피가 되고 살이 되는 연단 과정입니다. 연단의 시험은 우리를 바닥까지 낮추십니다. 제멋대로 앞장서 설치던 것을 멈추게 하십니다. 일의 순서가 제대로 자리잡게 됩니다. 사역은 주님의 일이지 자기 성취의 도구가 아님을 확실히 알게 됩니다. 이제 좁은 나의 소견을 버리고 주님이 인도하시는 대로 열심히 따라갑니다. 온전히 신랑 되신 예수님을 사모하며 그분의 다스림의 영광 가운데, 메마른 이 세상의 곤고한 영혼들에게 하늘 복을 나눠 주는 사명에 적절히 돕는, 주님이 기뻐하시는 신부가 됩니다.

당신은 함께 다스리는 왕의 신부입니다

"무화과나무에는 푸른 열매가 익었고 포도나무는 꽃을 피워 향기를 토하는구나 나의 사랑, 나의 어여쁜 자야 일어나서 함께 가자" | 아 2:13 |

어떤 사랑이라도 깊이

사랑에 빠져 본 사람은 복됩니다. 정열적으로 자신을 바쳐 사랑한 만큼 주님의 사랑의 가슴과 만날 때 자기를 바칠 것이기 때문입니다. 우리에게는 무언가에 자신을 바치고 싶은 헌신의 본능이 있습니다. 사랑은 주는 것입니다. 혼신을 다해 사랑을 바칠 수 있는 사람은 행복한 사람입니다. 주고받을 대상이 있다는 것은 매우 큰 복입니다.

저희 부부는 C. C. C.에서 처음 만났습니다. 그때 둘이 짝지어 전도여행을 가게 되었습니다. 그런데 잘 알지도 못하는 사람과 구체적으로 어떤 일생을 살리라는 주님의 음성이 마음속에 들려오는 것이 아니겠습니까! "네가 이 사람과 오늘 하루종일 같이 다니며 복음을 전하듯, 이 사람을 따라 산 넘고 물 건너 나의 사람들을 굳게 하리라." 처음에는 그 음성을 무시했습니다.

그러나 날이 갈수록 구원의 확신같이 핑계를 댈 수 없도록 확신을 주시고 아예 남편을 위한 아내의 기도를 시키기 시작하셨습니다. 지극히 이성적이고 한참 여성해방에 매료되어 있던 저는 기절할 노릇이었습니다. 마치 짝사랑이라도 하는 것 같아 자존심이 상해 견딜 수 없었습니다. 그러나 성령님을 당할 수 없어, 제가 그 한 사람을 위해 존재하듯 기도하기에 이르렀습니다. 거의 일 년 동안 정말로 제 전부를 드려 기도했습니다. 그가 만나는 모든 사람에게 담대히 말씀 전하게 해 주시라는 것이니 오히려 기도하기 쉬웠는지도 모릅니다. 기도하고 기다리는 중에 저도 모르게 그 영혼에 대한 사랑이 깊어졌습니다. 앉으나 서나 자나깨나 그의 얼굴이 눈에 밟히고 그의 존재가 저를 사로잡아 스스로 사랑의 포로가 되었습니다.

결혼하고 보니 급한 성격의 저와는 정반대였습니다. 서로의 모난 성격을 고치는 데 확실한 적수를 만난 것입니다. 기도 덕분에 주님이 늘 중간에서 교통 정리를 해 주셨습니다. 눈에 차지 않는 목회는 오랫동안 제게 쓴 뿌리였습니다. "아무리 둘러

봐도 그 사람만큼 진솔하며 훌륭한 말씀의 종, 기도의 종이 별로 없는데 목회는 늘 어려움뿐이니 하나님은 공평하지 않으셔요" 하고 투정부리며 그를 기대하는 마음이 울화로 변했습니다. 수없는 좌절 속에서 그가 하나님 대신 생명처럼 아끼는 저의 숨겨진 우상임을 알게 되었고, 남편에게 집중되었던 마음을 가다듬어 주님과의 관계를 재정비하게 되었습니다. 하와에게는 남편을 "사모하라", 아담에게는 아내를 "다스리라"는 명령을 하나님과의 깨어진 관계 회복의 처방책으로 주셨습니다. 우리의 신랑 되신 예수님은 구원받은 우리를 신부로 맞아 은혜와 진리가 충만한 성군의 성품으로 완전히 다스려 주십니다. 그런데 도무지 제멋대로인 우리가 문제입니다.

내게 도전을 준 로렌스 형제

그때 마침 300년 전에 살았던 로렌스 형제의 『하나님의 임재 연습』을 읽고 크게 도전받았습니다. 그는 젊었을 때 많은 고생을 했고 수도원 생활을 했습니다. 하나님을 사랑하는 마음으로 모든 행동을 했습니다. 10여 년이나 부엌 허드렛일을 하면서 감자를 깔 때나, 쓰레기를 버릴 때나 하나님을 사랑하는 마음으로 정성껏 했습니다. 우리는 사랑받고자 하는 것에는 익숙하나 주님 사랑을 모든 행동의 동기로 삼는 것은 실제 삶에선 거리가 멉니다. 사랑은 받기를 기대하지 않고 그냥 주는 것입니다. 자기 유익을 얻고자 하는 마음을 버려야 합니다. 물론 그런 사랑은 이기적인 우리 혼자 힘으로는 불가능합니다. 성령 충만할 때만 가능합니다. 매일 하나님 앞에서 사는 임재 연습을 할 때에야 비로소 가능합니다. "그러므로 누구든지 이런 것에서 자기를 깨끗하게 하면 귀히 쓰는 그릇이 되어 거룩하고 주인의 쓰심에 합당하며 모든 선한 일에 준비함이 되리라"(딤후 2:21). 이 말씀과 같이 로렌스 형제는 평범한 수도승이었지만 그의 삶은 순수하고 사랑이 넘쳐 주님을 사모하는 이들에게 큰 신앙의 본이 되었습니다.

'어떻게 하면 더 주님께 가까이 갈 수 있을까? 어떻게 하면 주님이 기뻐하실까?' 저도 로렌스 형제를 따라서 주님의 임재 가운데 사는 연습을 매일 해보았습니다. 그런데 기적이 서서히 나타나기 시작했습니다. 외적인 형편은 달라진 것이 없었으나 세상을 바라보는 관점이 바뀌었습니다. 매사를 주님의 시각으로 보기 시작했습니다. 주님의 견해로 삶을 조명해 주시니 그동안 좌절하던 일들이 복임을 알게 되었습니다.

30년을 하루같이 비가 오나 눈이 오나 보이지 않아도 충성스레 주님을 섬기는 남편이 너무 아름답고 존귀하게 보였습니다.

"남편이 고지식해서 내가 이 고생이지" 하며 불평하던 쓴 마음이 감격의 존경심으로 바뀌었습니다. 남편을 말씀대로 대하지 못한 죄를 깊이 회개하니 새삼스레 깊은 존경심을 가지고 남편을 사랑하게 되었습니다(롬 12:1-3이 제 것이 되었습니다). 오랜 세월 가운데 주님의 좋으심을 맛보며 신랑 되신 그분의 진가를 알아 가며 그분을 간절히 사모하게 됨에 따라 하늘 복이 쏟아지는 영원한 신혼이 무르익어 갑니다.

주님은 저를 깊은 기도의 교제로 은밀히 부르기 시작하셨습니다. 주의 전에 나아가 밤 새워 주님과 만나며 중보기도하는 것은 정말 꿀맛이었습니다. 때때로 시간 가는 것도 먹는 것도 다 잊고 예배를 드리다 보면 12시간이 1분 같았습니다. 그러면서 예배란 주님과 함께 생각하고 느끼고 온몸으로 드리는 순종의 삶임을 알았습니다. 머리로 알던 지식의 하나님이 매일 삶 속에서 살아계신 하나님으로 가까이 다가오셨습니다. 그분의 깊은 사랑이 점점 이해되면서 자나깨나 하나님을 사모하게 되었습니다. 십자가 지는 것이 싫다고, 고통은 무조건 싫다고 칭얼대던 불평이 사라졌습니다. 나 같은 것이 감히 주님이 가신 십자가의 맛을 볼 수 있게 되다니, 은혜와 영광에 몸 둘 곳을 모르며 찬양이 터져 나왔습니다. 전폭적으로 주님과 함께 숨쉬며 그분이 모든 삶의 영역에 길이요 진리요 생명이 되셨습니다. 그저 하루하루 주님만 따라가는 삶이 너무나 단순하고 쉬워졌습니다.

"그런즉 너희는 먼저 그의 나라와 그의 의를 구하라 그리하면 이 모든 것을 너희에게 더하시리라"(마 6:33). 주님과 사랑에 흠뻑 빠져 그분만 기쁘시게 하려고 애쓰다 보니, 제 가슴은 그분이 임하는 지성소가 되었습니다. 상상할 수도 없는 은혜의 축복이 임한 것입니다. 이제 제 마음은 추운 겨울의 목마른 사슴이 아닙니다. 제 마음은 늘 주님을 생각하는 덕분에 괴로움이 찬양으로 변하는 생명의 샘이 되었습니다. 액땜처럼 자기 위안을 위해 보던 형식적 예배가 마침내 변화를 일으킨 것입니다.

"왕이 침상에 앉았을 때에 나의 나도 기름이 향기를 뿜어냈구나"(아 1:12). 마음을 다하여, 성품을 다하여, 힘을 다하여 나의 온 존재 전부가 주님의 성품만 따르기를 사모하게 되었습니다. 시시때때로 올라오는 타산적 생각도 두말없이 내려놓는 것이 쉬워졌습니다. 즐겁고 힘든 모든 순간마다 감히 "주님! 감사합니다. 당신을 사랑합니다"라고 눈물로 고백합니다. 주님을 사랑하니 행동도 담대해졌습니다. 제 등 뒤에서 늘 함께하시는 주님을 믿고 그분이 기뻐하실 일만 선택하고 마음과 정성과 힘을 다해 순종합니다. 힘들어도 주님을 사랑하는 맘으로 성령행전에 순종하면, 상상을 초월하여 목마른 영혼들이 주께로 돌아와 함께 기뻐하는 하늘 행복을 듬뿍 체험하게 됩니다. 이러한 주님의 배려에 매번 감격으로 찬양드립니다. "주님은 나의 사랑, 나의 주인님, 나의 멋쟁이 왕이십니다."

주님과 영원한 신혼을 누리는 복된 신부들

이분들이 계신 곳에서 세상을 밝혀 주고 있다고 생각하면 살맛이 납니다. 주님과 신혼을 누리는 복된 신부들을 소개하며 저들이 누리는 빛나는 삶을 본받기 원합니다.

대학교 입학 직후 만난 장원 선생님

장원 선생님은 자신의 방을 학생들이 쉴 수 있는 공간으로 항상 열어 놓으셨습니다. 하루 이틀 향했던 제 발걸음은 이제 매일의 일과가 되었습니다. 당시 대학가에 편만하던 무신론주의와 기성 세대, 사회에 대한 반항에 편승한 저는 정신적인 히피였습니다. 그런 저의 방황 이야기를 선생님은 언제나 진지하게 들어 주셨습니다. 오늘의 제 모습은 선생님의 따스한 돌보심과 기도 응답의 결과입니다.

로마서를 읽다가, 애타게 찾던 참 진리이신 예수님을 만나 거듭났습니다. 삶이 완전히 달라졌습니다. 저의 변화를 보고 사도

행전의 기적의 역사라며 놀라고 기뻐하셨습니다. 그때부터 선생님과 저와 예수님과의 놀라운 허니문은 예수님의 공생애처럼 3년간 지속되었습니다. 인정받는 것이 얼마나 중요한 것인지 선생님과의 관계에서 깊이 배웠습니다. 정말 겸손하신 선생님은 "기독교학과 교수가 예수 믿으라고 하면 별로 먹혀 들어가지 않는다"며 이제 겨우 믿기 시작한 아기 신자인 제게 방황하는 많은 학생을 붙이셨습니다. 초신자인 제가 만나는 학생마다 기적이 일어났습니다. 그야말로 마른 막대기도 쓰시는 하나님이십니다. 살아 계신 하나님의 역사를 손에 쥐듯 함께 체험하며 선생님과 제가 환상의 콤비로 손잡고 전도 사역까지 하게 되었습니다. 선생님의 모든 삶의 관심과 활동이 제 것이 되었습니다.

선생님은 빚을 지면서까지 가난하고 불쌍한 사람들을 수없이 도와주셨습니다. 처음에는 자신은 의탁할 집 한 칸 없고, 노후 대책도 없으면서 빚까지 지고 남을 돕는 것이 이해되지 않았습니다. 그러나 선생님은 "하나님이 내겐 엘리야의 까마귀를 보내서 돌보셔" 하시며 천하 태평이셨습니다(훗날 물질 연단 때 하나님을 의뢰하는 데 산 공부가 되었습니다). 심심하면 황당하게 사고(?) 치시는 선생님이 안타까워 기도하며 발벗고 나서면 꼭 필요한 액수가 생겨 선생님의 빚을 갚을 수 있었습니다. 피 한 방울 섞이지 않은 남이지만 그리스도의 피로 맺어진 엄마와 딸의 끈

끈한 관계가 되었습니다.

제가 지치고 넘어질 때면 저를 일으켜 세워 준 선생님의 말씀이 있습니다. "희녕아, 한때는 무성했던 나무가 겨우 그루터기만 낭떠러지에 남았단다. 어느 날 한 사람이 미끄러졌는데 그 그루터기를 붙들고 목숨을 구했어. 나는 바로 그 그루터기 같단다. 나는 남이 가진 재주도 없고, 이룬 것도 없고, 가진 것도 없어. 다만 이곳에서 그루터기로 있다가 어느 누구든 나를 잡고 삶의 힘을 얻는다면 내 일생은 그것으로 만족해."

선생님은 그 말씀대로 이화여대 한구석의 이름 없는 그루터기로 계셨습니다. 자신을 조건없이 주시는 그분의 사랑은 얼마나 많은 이들에게 희망을 주었는지요. 힘들 때마다 '내 희생이 생명을 살리는 그루터기만 된다면, 선생님의 사랑하는 제자답게 살아야지' 하고 자신을 추스렸습니다. 선생님은 모든 사람이 매이는 탐욕에서 온전히 자유한 멋쟁이 행복자이셨습니다. 제자들을 돌보고 세우는 일에 전부를 바치셨습니다. 선생님은 한 인간으로 하나님 앞과 사람 앞에 성공한 복된 생애를 사셨습니다.

성함도 잊어버린 한 할머니

아주 곱고 따스한 분이었는데, 알고 보니 힘들고 고통스런 과거를 뒤로하고 딸네 집에 오셔서 살림을 보살펴 주고 계셨습니다. 그런데도 그늘진 구석 하나 없이 조용히 사람들의 손을 잡아 주고 격려하시는 모습은 아름다운 한 폭의 그림이었습니다. 할머니는 어느 날 갑자기 돌아가셨는데, 온 동네가 떠들썩하도록 수많은 사람이 장례식장에 모여들어 한결같이 그분의 덕을 기리고 그리워했습니다. 이름 없는 한 동양 할머니 장례식 같지 않았습니다. 그분 생전에 충만하던 주님의 사랑이 넘치는 잔치 분위기였습니다. 이 세상에서는 남편에게 버림받은 불행한 여인이었지만, 그의 삶에는 주님을 사랑함으로 환경을 뛰어넘는 감사가 넘쳤습니다. 손이 닿는 모든 이웃에게 하늘의 사랑을 부지런히 실어 나르는 주님의 낙타였습니다. 장례식에 다녀오는 길에 부러움을 느끼며, 제 장례식은 어떨지 상상했습니다. '과연 달려갈 길을 다 마친 나의 삶이 저토록 아름다운 찬송이 될 수가 있을까?'

우리 동네 평범한 미국 할머니 로이스

이분 역시 오래 전에 남편을 잃고 홀로 되셨습니다. 한국 사람은, 미국 사람은 우리처럼 기도도 열심히 하는 것 같지 않고 어쩐지 미지근하다는 편견을 갖고 있습니다. 그러나 그들의 일상을 들여다보면 고개가 절로 숙여질 만큼, 행동하는 믿음의 사람들이 많습니다. 입만 열면 감사와 찬양이 나오고 손님 대접하는 것이 몸에 배어 있습니다. 누구든지 부탁하면 무엇이든 거절하지 않습니다. 75세가 넘은 고령에 털털거리는 차를 끌고도 원하는 사람을 위해 운전해 주고, 온 동네 심부름을 정성껏 합니다. 자신을 다 버리고 희생하고 봉사하는 귀인입니다. 오다가다 들르는 사람들에게 손수 구운 과자를 정성으로 대접하길 즐깁니다. 항상 웃는 얼굴로 두 팔을 활짝 열고 이웃을 온몸으로 사랑합니다. 삶이 무엇인지 알고 자기를 내놓고 즐기는 귀한 분입니다. 조용히 섬기는 평범한 그분에게서 미국을 받쳐 주는 저력을 봅니다.

동네 아줌마 메리언

자신도 입양되었던 그녀는 불면 날아갈 것 같은 약한 몸으로 아이 네 명을 입양했습니다. 그 중 소위 정상인 아이는 한 명도 없습니다. 한 흑인 아이는 완전 불구에 걷지도 못하고 겨우 상체를 올려 땅을 기는 시각 장애우입니다. 다른 흑인 아이는 정서 장애우입니다. 백인 여자 아이 하나는 스무 살 정도지만 지능은 네 살 아기와 같습니다. 다른 백인 여자도 정서 장애우이고 강아지, 고양이까지 신체적인 장애를 갖고 있는, 세상 눈으로 보면 온전한 사람이라고는 그 집 아버지뿐입니다. 한 달에 한 번씩 교회의 도움을 받아 음식을 갖다 주며 인연을 맺게 되었습니다. 저들의 티없는 웃음, 입만 열면 감사 또 감사, 가족 간에 사랑하는 모습은 말로 형용할 수 없을 만큼 아름답습니다. 테레사 수녀는 유명했고 존경받았던 사람입니다. 그러나 메리언은 이름 없이 자신을 줍니다. '하늘나라에서는 바로 저런 이들이 예수님 바로 옆에 있게 될 거야!' 그녀의 모습에서 거룩하신 하나님을 보는 듯한 뜨거운 감동이 밀려옵니다.

하늘 멋쟁이 말씀 짱 성품 짱 손 권사님

손 권사님은 우리 교회에 처음 오신 후 생신 때, 로마서를 하염없이 암송하시어 모두를 놀라게 했습니다. 그 후 골로새서며, 요한계시록도 해마다 한 권씩 뚝딱뚝딱 암송하셨습니다. 댁에 심방 가니 삐뚤삐뚤 할머니 글씨로 적은 말씀이 방이고 화장실이고 빈 벽이 없이 붙어 있었습니다. 그걸 보니 말씀 암송하며 기도하시는 권사님의 단순한 삶을 그릴 수가 있었습니다. 노령에도 불구하고 최근엔 성경 통독을 3주 만에 독파하시는 시력 또한 감탄의 대상입니다. 권사님의 말씀 사랑에 성령의 열매 풍성한 은혜가 뚝뚝 꿀처럼 흘러 넘치는 삶을 보며 경외감에 옷깃이 절로 여며집니다. 말씀만 끼고 사시더니 가슴에 주님의 심장을 이식하신 듯 손 권사님의 삶은 온유와 따스한 사랑으로 넘칩니다.

무엇이든 나누어 주고, 열심으로 섬기기를 즐기시고, 늘 배려가 가득하십니다. 입술엔 늘 격려와 칭찬이 가득하고, 얼굴엔 미소가 가득하시니 우리 교회에서 최고 인기십니다. 자손들의 효성 또한 얼마나 대단한지 장성한 자녀들이 이룬 가정으로 늘어난 대가족, 심지어 미국에서 자라 말이 통하지 않는 손자 손녀들도 할머니를 얼마나 좋아하는지…. 손 권사님만큼 대가족들로부터 깊은 존경과 사랑을 받으며 영육 간에 웰빙을 누리는 이를 본 적이 없습니다. 이리도 행복하고 향내 나는 삶을 장수하시며 누리는 비결이 무엇일까? 내놓을 만한 세상 학벌도, 사람 앞에 내세울 대단한 능력의 은사도, 큰 사역을 하신 것도 아니고, 엄청난 부자는 더더욱 아니건만 권사님의 충성스런 말씀 사랑이 만사형통의 비결이 아니겠는가 결론지어 봅니다.

하나님 앞에 성공 인생은 과연 어떤 것인가? 모든 사역의 궁극적인 종착역도 결국은 하나님 나라가 이 땅에 임하는 것 아니겠습니까? 손 권사님은 "보시기에 심히 좋았더라" 하며 하나님을 환하게 웃게 해 주시는 하나님의 기쁨이시니, 진짜 대단한 하늘 멋쟁이십니다. 하나님은 말씀을 사랑하며 순종하는 자의 삶을 진실로 책임져 주신다는 것을 노 여종의 모습을 통해 보여 주셨습니다. 제가 어떻게 살아야 하는지도 확실히 알게 하셨습니다. 말씀 사랑에서 흘러나온 주님의 성품 회복이 곧 성공 인생의 비결입니다. 평범 속에 진실되게 아름답게 살아오신 비범한 믿음의 선배, 예수표 향내 물씬 나는 권사님의 삶을 본받아 저도 남은 여생을 살리라 굳게 다짐해 봅니다. 권사님, 사랑해요. 당신의 향기로운 삶이 너무도 고마워요.

"많은 물도 이 사랑을 끄지 못하겠고 홍수라도 삼키지 못하나니 사람이 그의 온 가산을 다 주고 사랑과 바꾸려 할지라도 오히려 멸시를 받으리라" | 아 8:7 |

탄탄히 다져진 주님과의

사랑은 죽음도 갈라놓지 못합니다. 영원합니다. 온전히 주님을 사랑하는 일에 힘쓸 때, 주님의 깊은 사랑의 마음을 보고 그 마음과 연합하게 됩니다. 주님과 마음이 하나로 연결될 때 우리 안에 주님의 은혜가 내립니다.

"심령이 가난한 자는 복이 있나니 천국이 그들의 것임이요
애통하는 자는 복이 있나니 그들이 위로를 받을 것임이요
온유한 자는 복이 있나니 그들이 땅을 기업으로 받을 것임이요
의에 주리고 목마른 자는 복이 있나니 그들이 배부를 것임이요

긍휼히 여기는 자는 복이 있나니 그들이 긍휼히 여김을 받을 것임이요
마음이 청결한 자는 복이 있나니 그들이 하나님을 볼 것임이요
화평하게 하는 자는 복이 있나니
그들이 하나님의 아들이라 일컬음을 받을 것임이요
의를 위하여 박해를 받은 자는 복이 있나니 천국이 그들의 것임이라"
(마 5:3-10).

인생은 참 역설적입니다. 잡으려면 달아나고 놓으면 주어지니까요. 예수님이 정의하신 여덟 가지 복 있는 사람은 자기를 비우고 움켜쥐는 대신 나누어 주는 사람입니다. 복이 따라오는 선행 조건에 따라 사는 사람은 만족하는 사람입니다. 그 마음속에 천국이 있는 사람입니다. 별 관심이 없는데도 모든 사람이 갖고 싶어 하는 것들을 얻은 사람입니다. 주어질수록 그저 나누어 주기를 기뻐하는 사람입니다. 주님이 나를 통해 사랑의 수고를 하실 수 있도록, 기쁨으로 나의 전부를 드리는 주님의 신부로 사는 사람입니다. 주님과 함께 지내는 시간이 가장 기쁘고 행복이 넘치는 평안한 사람입니다. 신랑 되신 예수님과 더불어 먹으면 그분이 왕으로 다스려 주십니다. 그들이 가는 곳마다 하나님 나라가 임합니다. 그들은 영원에 잇대어 신혼을 누리는 주님의 행복한 신부입니다!